천천히 가라,
숨 쉬며 그리고 웃으며

천천히 가라,
숨 쉬며 그리고 웃으며

틱낫한, 그가 남기고 간 참된 깨달음의 노래

틱낫한 지음

라샤니 레아 그림

이현주 옮김

담앤북스

추천사

"이 놀라운 책은 감각들을 위한 축제이자 영혼을 위한 순수 자양분이다."
—**타라 브라크**, 『철두철미한 받아들임』 저자

"라샤니 레아의 부드럽고 다채로운 콜라주들과 함께 직조된
틱낫한의 단순하고 깊은 말들이 살아 있는 다르마를 주류에 올려놓았다."
—**피터 러셀**, 『글로벌 브레인』 저자

"여러분이 함께 감상하고 즐길 수 있도록 라샤니가 자기 그림으로 태이의 말을
포옹하는 이 놀라운 책을 출판하는 마당에 나는 지금 아주 많이 행복하다."
—**찬콩 자매**, 『참 사랑 배우기』 저자

"틱낫한은 말했다. '더 많이 이해할수록 더 많이 사랑한다. 더 많이 사랑할수록
더 많이 이해한다.' 라샤니의 콜라주들을 보고 있자니 내가 전에 몰랐던
방식으로 순간을 이해하고 사랑하고 있다는 느낌을 받게 된다. 그녀의 예술과
이 책이 당신의 이해하는 능력과 사랑하는 능력을 자라게 해 줄 것이다."
—**다우나 마르코바**, 『사랑받는 삶 살기』 저자

"심오한 메시지를 섬세한 이미지들로 부연 설명하는 희귀한 향응이다.
라샤니의 탁월한 콜라주들이 틱낫한의 단순하면서 힘 있는 가르침들을
완벽하게 거울로 비추어 보여 준다. 절묘한 컬렉션!"
—**제임스 바라즈**, 『깨어나는 기쁨』 저자

"틱낫한은 말한다. '우리 인생이 곧 메시지가 되어야 한다.'
이 세상 수백만 사람을 감동시킨 태이의 삶은 평화, 인터빙, 현재 순간에
깨어 있음을 전하는 메시지다. 라샤니의 삶 또한 그녀의 예술과 함께
진실의 아름다운 메시지를 담고 있다. 이 책의 모든 표현들이,
참된 황금 모래의 낱알들이 저마다 아름다움과 눈부신 광휘의 축제다."
-**도로시 헌트**,『찾기를 그만두어라: 영적 야망에서 깨어남의 가슴으로』 저자

"틱낫한의 메시지는 믿기지 않을 만큼 단순하고 참으로 깊을 뿐 아니라
아름답고 우아하며 시적이다. 라샤니의 그림도 태이의 시적 언어들과 완벽하게
어울린다. 두 사람이 모든 것의 바탕이면서 서로를 연결시켜 주는
생명의 그물 속으로 깊이 뚫고 들어간다.『천천히 가라, 숨 쉬며 그리고 웃으며』에서
태이와 라샤니는 베일을 조금 걷고 우리에게 그 길을 흘끗 보여 준다."
-**폴 팅겐**,『마일스 너머: 마일스 데이비스의 전기電氣 탐사』 저자

"『천천히 가라, 숨 쉬며 그리고 웃으며』는 단순하게 아름답다.
서로 함께 창조하는 깊은 상호작용이 내 가슴을 건드리고
내 정신을 감동시키고 실존에 대한 믿음을 나에게 안겨 준다."
-**캐럴 스튜와트**, 브리티쉬 컬럼비아, 넬슨, 신비학교

"천천히 가라, 숨 쉬며 그리고 웃으며. 라샤니의 아름다운 예술과
틱낫한의 심오하고 지혜로운 말들이 당신과 동행케 하라."
-**조안 할리팩스**,『가장자리에 서서』 저자

차례

제3부 그리고 웃으며

조안 할리팩스 Joan Halifax

우리가 천천히 걸을 때 세상은 더욱 선명하게 나타난다. 황폐함과 무너짐, 고사리와 꽃이 더 자세히 보인다. 우리는 흔히 보고 싶지 않아서, 그래서 서두른다. 자신의 감성이 고통의 몸이나 아름다움의 몸에 닿는 것을 두려워한다. 너무나 자주 우리는 숨을 계속 내쉬어야 하는 것처럼 느낀다. 숨을 들이쉬는 건 기본이다. 그래야 내쉴 수 있다.

우리네 문화는 활동을 고무 찬양한다. 일반적인 비즈니스의 실적은 우리가 얼마나 중요한 존재인지를 과시하는 데 달려 있다. 피곤해 하고 지나치게 긴장된 우리의 모습을 자주 볼수록, 사람들은 우리를 없으면 안 되는 존재라고 생각한다. 진실은 그 반대다. 우리는 따로 갈 곳도 없고 할 일도 없다. 이것만 수련하면 우리는 매 순간 자기 자신을 발견할 수 있다. 우리가 온전한 마음과 참된 자유를 발견하는 곳은 바로 여기다.

한번은 조슈아트리국립공원Joshua Tree National Park에서 한 화가가 경이로운 눈빛으로 나를 돌아보며 말했다. "모든 것이 바로 여기 있네요." 어쩌면 화가인 그녀는 사물들을 "예술적으로" 바꾸려는 충동을 느꼈는지 모르겠다. 아니면 "지금 이 순간의 기적"을 알아차린 그녀가 순간의 완벽함 속으로 그냥 들어간 것일 수도 있다. 그녀는 자연 세계의 음악으로, 자신의 승복承服 속으로 들어가서 스스로가 그것의 한 부분으로써 있을 곳에 제대로 있음을 경험했다. 우리는 이 놓아버림의 심오한 경험에 억지로 이를 수 없다. 오직 틱낫한이 말하는 "깨어 있음의 기적"에 몸을 편안히 둠으로써만 거기에 이를 수 있다.

1960년대 중반, 전쟁과 사회 붕괴의 소용돌이 속에서 나는 베트남 전쟁 양 진영의 상호 이해를 위한 중재의 노력이 담긴 틱낫한 스님의 『불바다 속 연꽃』을 감명 깊게 읽었다. 1966년에는 틱낫한과 함께 하는 뉴욕 5번가 평화행진에 참여한 2만 명 가운데 한 명이기도 했다. 나는 20년 뒤 프랑스 '자두마을Plum Village'을 방문해서 그를 만난 바 있고, 그해 말미에 내가 총무로 있던 오자이 재단의 캘리포니아 수련원을 방문하기도 했다. 1987년에는 화가들을 위한 수련 모임을 인도하기 위해 다시 이곳을 찾았다.

그 무렵 라샤니를 만났다. 그녀는 오자이 재단의 샤먼 회의에

참석 중이었고 그 사이에 나는 그녀와 브루크 메디신 이글과의 결연의식을 추진했다. 그녀는 다르마Dharma에 대한 사랑으로 활기가 넘쳤고 그것을 자신의 그림과 음악을 통해서 사람들에게 나눠 주고 싶어 했다. 그 뒤에 그녀는 내가 한 말들을 직접 필기하여 『깨어서 꿈을 춤추다』라는 제목의 작은 책으로 만들어 몇백 권 가량을 인쇄하기도 했다. 라샤니는 미술의 선구자로서 자신의 풍요로운 다르마 예술로 세상을 아름답게 장식하고 있다. 1980년대 초 우리가 만난 뒤로 그녀는 계속해서 살아 있는 지혜의 가르침들을 우리에게 보여 주고 있다. 그리고 가장 최근의 작품이 틱낫한의 지혜로운 말씀과 함께 엮은 이 사랑스러운 책의 다르마 그림들이다.

나는 15년 동안 틱낫한 스님을 스승으로 모셨고 그분이 1990년에 창설한 인터빙*교단Order of Interbeing의 법사Dharmacharya로 임명되었다. 그분의 성향은 내가 만난 여러 선사들과 달랐다. 나는 그것을 좀 더 여성적인 스타일이라고 말하겠다. 거기에는 부드러움이 있었고 부처님의 가르침에 대한 그의 설명에서는 신선한 깨어 있음이 보였다. 참여불교를 강조하는 그의 태도는 무척 감동적인 것이었다.

● 서로 연결되어 있는 '상호 존재'를 칭함. 불교 용어로는 '연기緣起'라고 한다. 29쪽 참조.

오늘날 우리는 인류 역사의 어느 때보다도, 함께 파멸시키거나 혹은 함께 해방시킬 수 있는 밀접한 관계 속에 살고 있다. 땅을 초토화시키는 무기들이 몇 분 안에 목표물을 찾아낼 수 있고, 질병이 들불처럼 번져 나가고, 온갖 미디어를 통해 우리의 거짓말과 속임수가 실시간으로 퍼져 수백만의 마음을 오염시킬 수 있다.

또한 우리는 자비로운 행위로 수많은 공동체와 개인을 동시에 접할 수 있고, 자비와 지혜에 바탕을 둔 가치와 행동을 강화함으로써 평화를 일굴 수 있다. 친절, 자비, 지혜를 통하여 자신의 삶을 변화시킴으로써 평화로운 문화를 배양할 수 있다. 경제정의, 인종평등, 환경보호, 인권, 자연과 모든 중생의 권리를 위하여 능동적으로 일할 수도 있다. 그러려면 우리 자신의 고통과 우리가 속한 공동체, 환경, 세계의 고통을 함께 안고 씨름해야 한다. 우리 모두 다른 누군가와 부대끼며 살아간다. 과거 어느 때보다도 지금은 불의, 오염, 폭력, 증오, 탐욕 그리고 미혹에 등을 돌려 외면하는 것이 불가능하게 되었다.

1966년에 사반세기를 휩쓴 난폭한 전쟁, 150만 동족을 살해하고 열대지방 고국의 산야를 황무지로 만든 전쟁이 벌어졌을 때, 베트남 불교 수도승이자 저명한 평화 활동가 틱낫한이 새로운 교단을 창설하였다. 그리고 그 이름을 티에트 히엔 교단, 인터빙 교단이라고 칭했다. 그가 목격하고 평생 느껴야 했던 고통의 깊이, 그가 베푼 자비의 깊이는 그의 가르침을 통해 여실히 드러나고 있다.

아무것도 신뢰하지 말라고 부처님은 가르치셨다. 에히파시코Ehipassiko[●], 직접 와서 보라. 분별력과 열린 태도를 배양하라. 당신 발이 딛고 선 자리, 거기에 진실이 있다. 당신 발밑 티끌 속의 우주를 깊이 보고 인식하라. 현재 순간으로 깊이 들어가라. 천천히 가라, 숨 쉬며 그리고 웃으며. 라샤니의 아름다운 예술과 틱낫한의 심오하고 지혜로운 말들이 당신과 동행케 하라.

조안 할리팩스
2021년 9월
뉴멕시코, 산타페에서

● 자신의 법의 유용성과 효용성을 "스스로 직접 보라"는 의미로 붓다가 반복적으로 사용하는 단어.

제 1 부

천 천 히   가 라

Go Slowly

Go Slowly

그린이의 말

라샤니 레아

어려서부터 나는 끊임없이 음악과 미술의 영감을 받았다. 존 바에 즈, 미리엄 마케바, 오데타, 밥 딜런, 피트 시거… 그 외에도 음악을 통해 사회적 의식을 높이고 변화시키려는 이들을 좋아하고 즐겨 들었다. 또한 나는 진보적 가톨릭 수녀이자 예술가요 정의의 수호 자인 코리타 켄트 수녀의 실크스크린 작품에 매료되어 깊은 영향 을 받았다. 코리타 수녀는 자신의 그림으로 빈곤, 인종차별, 성적 불평등, 전쟁을 고발하며 사람들을 교육시켰다. 예술가 벵 샹은 그 를 가리켜 "기쁨이 넘치는 혁명가"라고 불렀다.

코리타 수녀는 자신의 사랑과 부드러운 치열함, 헌신을 통해 예술과 아름다움은 영성과 활동에서 떨어뜨려 놓을 수 없다는 사 실을 몸소 보여 주었다. 나는 고등학교 신입생으로 그의 제자가 되 어 공부하는 행운을 누렸고 이러한 과정에서 서예와 콜라주에 대 한 열정이 불타올랐다. 나는 사회적·영적 메시지를 통합시키는 그의 방법과 상호작용하는 언어와 이미지들을 사랑했다. 1984년,

나는 내 삶에 미친 깊은 영향에 대하여 고마운 마음을 표하고자 그를 찾아갔다. 그가 25분쯤 내 화첩을 조용히 들여다보고 나서 이내 고개를 끄덕이며 미소 지은 채 말했다. "그래, 언제고 세계가 네 그림을 알아보겠구나."

최초에 기적이 있다,
그런 다음 기적은 없고, 그리고…

경이로운 우리 부모님 덕분에 나는 어려서부터 세상의 불의를 알게 되었다. 11살에는 캘리포니아 동부 팰로앨토에서 마틴 루서 킹 박사와 함께 행진하였고 지주들이 인종, 결혼 여부, 종교, 성, 장애 따위를 구실로 건축을 막지 못하게 금지하는 법안 14호를 통과시키기 위하여 작품들을 기증하기도 했다.

16살에는 난폭한 베트남 전쟁의 소용돌이 속에서 미군 폭격으로 팔다리를 잃은 소년을 위한 기금에 평화를 위한 개인 기부자로서 그림을 팔았다. 그리고 내 그림을 2,000장쯤 프린트하여 집집마다 방문하며 의수족義手足을 마련하기 위한 책임위원회의 모금에 협조해 달라고 졸라댔다.

책임위원회COR, The Committee of Responsibility는 1966년에 베트남 아이들과 무자비한 전쟁의 무고한 희생자들이 겪는 곤경에 관심을 기울이는 의료인, 과학자, 성직자, 일반 시민들로 설립된

단체였다. COR 조직원들은 베트남 아이들의 치료와 재활을 위하여 그들을 미국에 데려옴으로써 의료적인 부분에서 직접적인 도움을 주고자 했다.

틱낫한

내 나이 17살이 되었을 때 부모님이 미국을 떠나셨다. 3년 뒤 우리는 프랑스 랑그도크루시용 지역으로 거처를 옮겨 18년을 살았는데 그동안 나는 아이를 기르면서 17세기 석조주택, 탑, 농장을 수리하였다. 그러면서 간혹 도르도누에 있는 불교 센터, 간디의 원리에 바탕을 둔 그리스도인 공동체 라 꼬뮤노떼드 라르쉬, 크리스천 갱생 센터 르 봉팡, 젊은이들을 위한 에큐메니칼 순례지 떼제 공동체 등을 방문했다. 이 모든 센터들에서 내가 가장 사랑한 것은 노래와 찬양 그리고 거기 있는 아이들과 젊은이들이었다.

  1980년대 중반, 나는 학생들로부터 "태이"라고 불리는 놀라운 베트남 시인이자 선승禪僧인 틱낫한에 대한 소문을 들었다. 우리 집에서 차로 2시간 못되는 곳에 그가 설립한 수련원이 있었는데 빌라쥬 데 프루니에르, '자두마을'이라는 이름이었다. 얼마쯤 뒤에 나는 캘리포니아 수련 모임에 갔다가 방금 자두마을에서 돌아왔다는 한 남자를 만났다. 그가 나에게 해당 센터의 일일 프로그

램에 '노래 명상'이 들어있다고 말하면서 태이의 말을 전해 주었다. "노래하는 법을 잊어버린 집은 심각한 문제에 빠져 있는 것이다."

우리 시대의 가장 저명한 영성 지도자들 가운데 한 명인 틱낫한은 1920년대 중부 베트남에서 태어나 16살의 나이에 불교 승려가 되었다. 베트남 전쟁이 한창일 때 그는 대부분의 시간을 미국과 프랑스에서 지내며 외교관, 국가 지도자, 교회 지도자, 평화 활동가들을 만났다. 전쟁이 끝난 베트남에서 추방 당하자 프랑스에 망명을 신청하여 승인받았다. 그에 관한 소문을 듣고 나는 그가 쓴 『틱낫한 명상The Miracle of Mindfulness』을 읽기 시작했고 하나의 불꽃이 내 안에서 타올랐다. 나는 마틴 루서 킹이 "평화와 비폭력의 사도"라고 부른 겸손하고 탁월한 그 사람을 만나고 싶었다.

빌라쥬 데 프루니에르

1987년 봄, 나는 작은 오토바이에 몸을 싣고 집을 떠나 구불구불한 프랑스 길을 따라서 호두와 자두 과수원, 담배와 해바라기가 자라는 들판, 포도원이 감싼 오래된 중세기 마을과 작은 고을을 통과하는 모험 길에 올랐다. 오토바이 짐칸에는 작은 목조 드럼과 배낭을 실었다. 자두마을에 도착했을 때 내가 처음 본 것은 "천천히 가라,

숨 쉬며 그리고 웃으며"라고 손으로 써서 세운 팻말이었다.

비구와 비구니들, 평신도 수행자들 그리고 아름다운 아이들의 수도 공동체가 나를 사랑으로 맞아 주었다. 그날 늦게 승가·공동체를 위한 노래에 초대받았다. 나는 사랑하는 선생님의 단순한 가르침을 삶으로 실현하는 아름다운 베트남 사람들과 서양 사람들에 둘러싸인 채 그곳의 작은 참나무 숲에 앉아 있었다. 태이는 매 순간에 집중하고, 만물이 서로 의존하여 존재하는 본성을 깨달아 내적 평화와 자유를 찾아내라고 우리를 격려해 주었다. 그날 이후로 내 삶은 전폭적으로 달라졌다.

15살 때부터 나는 노래 수집가이자 작곡가로 활동했고, 여러 그룹의 사람들과 함께 경건한 노래를 부르거나 다양한 언어로 노래할 때 행복감을 경험했다. 부르는 노래나 찬송가가 기독교, 유대교, 인디언, 하와이안, 마오리, 이교도, 불교, 시크교, 수피교, 베다교든 뭐든 간에 나는 항상 동일하고도 직접적인 상호작용을 경험했다. 자아와 타인에 대한 의식은 사라지고 남은 것은 오로지 은혜, 광활함, 순수한 존재 즉 깊은 친밀감과 상호 연결감이었다.

자두마을에서 노래하는 동안 나는 수없이 많은 부드러운 눈들을 응시하였고 그들의 뺨에 흐르는 눈물을 보았다. 시간이 흐르자 이토록 부드럽게 말하는 사람들이 전쟁으로 찢어진 고국을 등진 채 금방이라도 부서질 것 같은 보트에 몸을 싣고 망망대해에서 전쟁의 아픈 상처를 달래야 했음을 알게 되었다. 충격의 후유증으로 여전히 앓으면서도 그들은 자두마을에서 삶을 기릴 명분을 찾고 있었다. 그저 살아남았다는 단순한 선물 하나만으로도 그들은 삶에 감사하고 그것을 기릴 이유가 충분하였다. 나는 극심한 고통이 자비로, 감사로 그리고 현재−순간에 깨어남으로 바뀌는 것을 목격하였다. 슬픔과 절망이 깨어남의 문으로 전환된 것이다.

음악의 힘

태이는 민요가 사람들을 전쟁의 소용돌이에서 살아남게 했다고 믿었다. 파괴된 마을의 주민들을 돕기 위해 의료진으로 베트남에 갔던 친구가 폭격으로 참혹하게 부서진 어느 마을 이야기를 들려주었다. 모두가 언제 어느 순간 어떻게 될지 알 수 없는 상황이었다. 사람마다 겨우 작은 상자 2개를 지급받았다. 그들은 수백 마일을 맨발로 걸어 이웃 마을에 이르렀다. 나이 든 어떤 분에게 낡은 자전거 핸들이 있었는데, 그는 대단한 사랑과 결의 그리고 참을성으로 그것에 구멍을 뚫어 피리로 만들었다.

한 번에 몇 시간씩 그는 자신의 녹슨 피리로 마을 사람들이 잘 아는 노래를 연주하였다. 오랜 세월 친숙했던 것들을 등지고 안전한 곳을 찾아 떠나야 했던 그들이 함께 노래하며 원기를 회복하고 희망의 불씨를 다시 지폈다. 태이는 평화와 평온함은 외부 상황과 아무런 상관이 없다고 끊임없이 가르친다.

자두마을에 있는 동안 이름 붙일 수 없고 소멸될 수도 없는 무엇인가가 내 안에서 열렸다. 나는 자기 자신의 존재 안에서 도피처를 찾았고 날마다 하는 수련의 열매로 말로 표현할 수 없는 기쁨과 멈추지 않는 창의성의 발현을 거두었다.

순간 속으로 도피하다

나는 틱낫한의 가르침에 영감을 받아 노래와 시를 썼다. 자두마을에서 내 인생을 깊숙이 건드린 수많은 아이들, 여자들 그리고 남자들에게 주는 선물로 틱낫한 본인의 허락을 받고 그의 시를 노래로 만들었다. 그리고 다른 승가 식구 몇과 더불어 자두마을 근처 작은 교회당에 머물며 《순간 속으로 도피하다Take Refuge in the Moment》라는 제목의 앨범을 녹음했다.

3개월 뒤, 앨범이 완성되자 나는 첫 번째 카피를 손으로 쓴 카드와 함께 태이와 그의 사랑하는 동료 찬콩 자매에게 보냈다. 찬콩 자매는 마르지 않는 친절한 활동과 세계 평화를 향한 희망으로 나에게 코리타 수녀를 생각나게 해 주는 사람이었다. 나는 찬콩 자매에게서 "세상 모든 울음소리에 귀 기울이는" 관음보살의 화신을 본다.

나는 찬콩 자매로부터 태이의 시들을 아름다운 노래로 연주해 줘서 고맙다는 내용의 친필 쪽지를 받았다. 여러 번 앨범을 들었고 아름답게 잘 녹음된 음악을 관통하여 느껴지는 살아 있는 다르마의 현존에 깊은 감명을 받는다고 했다. 그녀와 태이는 태이의 자두마을 법문이 시작될 때 그리고 곧 있을 미국 순회 수련모임에서 내가 만든 노래를 함께 불러 달라고 나를 초청하였다. 그런 초청을 받은 것 자체가 나로서는 큰 영광이었고 태이가 법문을 시작할 때 수많은 사람들과 더불어 내가 만든 노래를 나눈다는 것은 나자신의 인생을 바꿔 놓을 만큼 엄청난 경험이었다. 각 노래가 끝날 때마다 코토13현의 긴 지타, 오카리나고대 관악기, 샤쿠하치일본 퉁소 반주가 곁들여진 가운데 영어로 옮긴 노랫말을 읽어 주었다.

마음 챙김의 종소리

나는 14살에 처음 콜라주를 책으로 펴냈고 고등학생일 때도 몇 권 더 만들었다. 그 뒤로 18년 동안, 태이를 만난 뒤까지도, 색종이에 손을 대지 않았다. 그러다가 1988년에 돌아가신 어머니를 애도하며 태이, 루미, 힐데가르트 폰 빙엔의 말들을 삽입하여 콜라주 시리즈를 냈다. 한 번에 몇 시간씩 색종이를 자르고 찢으며 거기에 자신의 존재 목적을 상기시키고자 영감 어린 간단한 인용문들을 손으로 써 넣었다.

내가 처음 콜라주를 만든 것은 남들에게 보여 주기 위해서가 아니라 본인의 치유 여정을 위한 안내와 그것을 기억하기 위해서 였다. 날마다, 주마다, 10대 아들이 학교에 가 있는 동안 나는 홀로 작은 아파트에서 콜라주를 그리고 또 그렸다. 슬픔이 나에게서 땔 감과 치료제로 바뀌었다. 태이를 만난 뒤로 심오한 화학반응이 내 안에서 일어났다. 뜻밖의 은총이 삶 속으로 들어온 것이다.

이듬해 봄, 나는 손으로 그린 콜라주 원화들을 가지고 자두마을을 찾았다. 태이가 나를 자신의 작은 오두막으로 불러 차를 한 잔 대접하였고 나는 그의 테이블 위에 21장의 콜라주를 펼쳐 놓았다. 그가 그림들을 한 장 또 한 장 찬찬히 보고 나서 얼굴을 들었다. 그는 그림의 색깔과 추상적 디자인에 자신의 말을 섞어 놓는 방식이 좋다고 했다. 나는 그에게 평화는 외부 상황에 상관없이 언제나 현존하는 것임을 여러 색으로 상기시키고자 그것들을 디자인했다고 말해 주었다. 그는 내가 펼쳐 놓은 그림들을 마음 챙김의 들리지 않는 종소리로 알아 주었다. 자두마을에서는 저마다 자기 안에 있는 평화의 성소를 상기시켜주는 마음 챙김의 종소리가 정해놓은 시간마다 울린다.

그는 콜라주를 사람들에게 평화에 닿기를 상기시키는 아름다운 한 방식으로 보았다. 후에 그것들이 카드로 인쇄되어 널리 배포되자 그가 무척 기뻐하였다.

인터빙 교단

그 뒤로 나는 자주 자두마을로 돌아왔고 틱낫한의 가르침과 거기서 내가 목격하고 경험한 것에 영감을 받아 《소에트리Soetry, 노래와 시》라는 이름으로 몇 개의 앨범을 녹음했다.

겨울 몇 달 동안은 자두마을에 머무는 사람들 수가 얼마 되지 않았다. 우리는 나무 때는 작은 난로 곁에 둘러앉아 말없이 음식을 먹고 몸을 따뜻하게 녹였다. 나는 그 단순한 생활양식에 빠져들었고 밭에서 시간을 보내거나 아랫마을과 윗마을 사이를 걷거나 가까운 마을들을 오가며 쉬는 숨 하나하나에서 도피처를 찾았다. "비어 있음emptiness"은 우리에게 더 이상 하나의 개념이 아니라 살아 있는 현실이 되었다.

1990년 여름, 자두마을에서 '사랑의 마음 배양하기'라는 주제로 한 달 동안 수련 모임이 계속되었다. 그 기간 동안 많은 서양인들이 베트남 전쟁 중에 태이가 설립한 '인터빙 교단'에 가입하였다. 그것은 보살들이 깨달음으로 가는 길의 핵심인 열네 가지 마음챙김 수련법에 따라서 살기로 서약한, 수도승과 일반인들로 이루어진 수도 공동체다. 인터빙 교단이 강조하는 것은 "견해들에 집착하지 않기, 명상과 적당함과 세련된 방편들을 통하여 상호 의존하며 존재하는 만물의 본성을 몸소 삶으로 실험해 보기"다.

열네 가지 수련법은 매우 정밀하다. 그 가을에 태이가 나를 수도 공동체의 한 식구로 초대하였고 나는 그러겠다고 했다. 의식을 위한 하루 일정이 마련되었다. 비구니들은 내가 입을 갈색 승복을 손수 바느질하여 만들어 주었다. 그날 두 사람이 계를 받았는데 아랫마을에서 따뜻한 침묵의 만찬으로 사랑 어린 축하연을 베풀었고 뒤를 이어 함께 노래했다.

비어 있음

태이는 만물이 어떤 다양한 조건과 원인들에 의존하여 생겨나는지를 이야기해 주며 그러므로 세상에 동떨어진 존재란 있을 수 없음을 시적으로 서술했다. 모든 것이 "서로 의존하여 함께 생성함"

을, 모든 것이 서로 연결되어 있고 함께-펼쳐지고 함께-생겨나는 것임을 조심스럽게 설명했다. 그는 그것을 "인터빙"이라고 부른다. 한 번의 특별한 법문이 내 인생을 송두리째 바꿔 놓았다. 이전에 "현실"로 이해하고 경험했던 것에 대한 전체적 인식 그리고 그것과의 관계가 단숨에 달라졌다.

그는 "비어 있다"는 것은 우리가 **무엇인가**를 비워야 한다는 뜻이라고 설명했다. 그리고 부드러이 물었다. "그러니 우리에게 무엇이 비워져 있는가?"

우리에게는 동떨어진 자아가 비어 있다. 동떨어진 정체가 없기 때문에 신비롭게도 모든 것으로 **채워져** 있다! "비어 있음"은 공허Void가 아니다. 오히려 풍부하게 서로 얽히고 침투되어 있는 충만함이다. 이 깨달음을 몸으로 구현하는 것이 곧 만물과 더불어 친밀하게 사는 것이다. 우주가 자신의 참 자아인 것을 알고, 이 "참된 비어 있음"에서 어떻게 아무 노력 없이 자연 발생으로 자비가 실현되는지를 보는 것이다.

오지도 않고, 가지도 않는

태이가 나를 다시 자기 오두막으로 불러 손으로 쓴 시가 적힌 종이

한 장을 내밀었다. 그는 그것을 노래로 만들어 달라고 부탁했다. 시의 제목은 「오지도 않고 가지도 않는」이었다. 그가 말했다. "사랑하는 이가 죽어가는 침대 머리맡에서 우리가 불러야 할 그런 노래요."

그가 내게 시를 넘겨줄 때 마치 햇빛, 강, 구름 그리고 온갖 창조된 것들을 나에게 넘겨주는 느낌이었다. 비와 눈, 바람, 숲 그리고 인간의 연장과 기계들에 의하여 마구 쓰러져 간 나무들의 울음소리. 종이 한 장 안에 우주 전체가 들어 있다. 그가 말없이 그리고 사랑스럽게 작은 종이 한 장을 위해서 반드시 있어야 하는 온갖 물질과 종이 아닌 수많은 요소들의 덧없음, 비어 있음, 상호 의존성을 나에게 건네주었다.

비록 그가 여러 해 동안 "인터빙"과 "비어 있음"을 말해 왔지만 내가 종이 한 장에 들어 있는, 헤아릴 수 없이 많은 종이 아닌 요소를 이해하고 손으로 만져 본 것은 그때가 처음이었다.

무종교 그리고 모든 종교

내가 태이의 시를 노래로 만든 지 1년이 못 되어, 아버지가 친구 밭에서 쓰러져 심각한 뇌손상으로 혼수에 빠지셨다. 며칠 동안 응

급처치를 받고 나서 아버지는 앰뷸런스로 남동생이 사는 라꼬스뜨 마을 가까운 작은 호스피스 병동에 이송되었다. 동생과 내가 교대로 아버지를 돌보게 되었는데 마침 내 차례인 밤 시간이 보름날이었다. 어쩌면 아버지 일생의 마지막 밤일지도 모른다는 예감에 나는 아버지 손을 잡고 달이 하늘에서 기울어지는 몇 시간 동안 계속해서 노래를 불렀다. 다른 방들에서 고통의 울부짖음과 흐느끼는 소리가 들려왔다. 그 깊은 탄식의 소리는 이미 내 귀에 익숙한 것이었다.

그렇게 〈오지도 않고 가지도 않는〉을 노래하고 있는데 호스피스 간호사 한 명이 걸어왔다. 달빛으로 물든 방이 내 노래로 채워지는 동안 그녀는 걸음을 멈추고 조용히 서 있었다. 작은 은제 십자가 목걸이가 그녀 목에 걸려 있는 것이 보였다. 그녀가 방 안 가득한 평화로움에 놀란 표정으로 물어왔다. "무슨 종교이신가요?" 내가 답했다. "무종교, 그리고 모든 종교지요." 우리는 함께 웃었다. 내가 말을 이었다. "나는 다만 여기 있는 것을 선택합니다. 현존은 종교, 전통, 신앙 따위와 상관없거든요."

그녀가 아버지 폐의 물을 뽑기 위하여 30분마다 병실로 왔다. 눈앞에 펼쳐지는 온갖 순간들의 기적으로부터 우리를 떨어뜨려 놓을 어떤 도그마의 휘장도 없었다. 우리는 신성한 교감을 나누며

어쩌다 우리 아버지가 된 한 아름다운 남자의 마지막 호흡을 지켜보았다. 아무 데도 제한되지 않는 현존이 거룩한 성소로 바뀌었다. 쏟아지는 달빛의 우아함이 은총의 신호들과 함께 말없이 노래하고 있었다.

죽음-없음

나는 꼴과 비어 있음의 끊임없이 변하는 춤 한복판에서 죽음-없음을 흘깃 훔쳐본다. 한때 임사 연구의 개척자로서 애통을 넘어서는 다섯 단계를 개발한 엘리자베스 퀴블러-로스의 조수로 있었지만, 태이를 만나기까지 나는 죽음과 "죽음-없음"을 이해하지 못한 상태였다. 종이가 종이 아닌 것들로 만들어지듯이 애통은 애통 아닌 것들로 이루어진다. 분노, 혼동, 슬픔, 절망도 마찬가지다. 고착되어 있는 듯 보이는 것을 무너뜨리고 직접적인 체험으로 건너갈 때 우리는 더 이상 이름표에 의존하지 않는다. 단단하게 굳어져 있는 것 같은 물질은 실제로는 활발하게 움직이며 끊임없이 바뀌는 **과정** 속의 수많은 요소들로 구성되어 있어서, 물결처럼 변덕스럽고 바람처럼 잡히지 않는 것이다.

　자두마을에서 나는 눈앞에 벌어지는 일이 무엇이든, 유쾌하든 불쾌하든, 기쁘든 고통스럽든, 상황을 바꾸려 하지 않고 있는 그대로 그것과 함께 있을 때 속에서 신비로운 화학반응이 일어나는 것을 발견하였다. 내가 마음 챙김을 통해 지금 여기에 현존할 때, 마침내 모든 감각과 감정을 전혀 다르게 경함할 수 있음을 깨닫게 되었다.

태이를 만나기 전에 나는 오빠와 어머니를 여의었고 아이 하나를 유산으로 잃었다. 태이와 함께한 초기 몇 년 사이에도 다섯 식구를 더 잃었다. 간단하고 자애로운 마음 탐색으로 내가 느끼는 애통한 마음을 환영하자 그것이 태어나지도 죽지도 않는 나의 본성으로 들어가는 문으로 보이기 시작했다.

나는 그 간단한 가르침과 깨달음을 다양한 마음 탐색과 수련 속에 섞어 넣었다. 애통하는 마음에 속삭여 주고 죽음을 위무하면서 슬픈 마음의 무한한 표현들을 목격하고 인간 정신의 탄력과 광휘를 상기시켜 줄 수 있었음을, 다른 많은 이들에게 거듭거듭 상기시켜 줄 수 있었음을, 고맙게 생각한다. 그 무한한 감사가 자두마을에서 태어났던 것이다.

피할 수 없는 상호 관계의 그물망

자두마을에서는 교리적 신앙에 대한 이야기가 별로 없다. 주로 함께 창조하는 승가, 함께 수련하는 마음 챙김, 현실의 서로 연결된 구조에 초점이 맞추어져 있다. 이 주목할 만한 마을은 모든 존재가 "피할 수 없는 상호관계의 그물망에 엮여 있고 한 벌로 된 운명의 옷을 입고 있다."는 마틴 루서 킹의 말을 상기시켜 주는 살아 있는 공동체다.

한 인터뷰에서 틱낫한이 말했다. "나는 붓다께서 진작부터 여기 계신다고 생각한다. 당신이 충분하게 마음을 챙기면 모든 것 안에, 특히 승가 안에 있는 붓다를 볼 수 있다. 20세기는 개인주의 세기였지만 우리는 더 이상 그것을 원치 않는다. 지금 우리는 하나인 공동체에서 살고자 노력한다. 물방울이 아니라 강처럼 흐르고 싶다. 강물은 틀림없이 바다에 이르겠지만 물방울은 중간에 증발할 수 있다. 우리가 지금 여기에 계시는 붓다를 인식할 수 있는 것이 그 때문이다. 우리가 마음을 챙겨서 하는 모든 발걸음, 모든 호흡, 모든 말들 그대로가 붓다의 나타나심이라고 나는 생각한다. 다른 곳에서 붓다를 찾지 마라. 당신 인생의 모든 순간에 마음 챙겨 살아가는 방식, 그 안에 그분이 있다."

세월과 함께 여러 문화와 영적 전통에 속한 다양한 사람들이 자두마을을 찾았다. 태이는 자기가 말하는 동안 필기를 하지 말라고 거듭 당부하였다. 자기 말을 받아 적는 것은 내리는 비를 양동이에 잡아 두려는 것과 비슷하다는 것이었다. 어느 날 그가 말했다. "여러분 자신이 다르마에 젖도록 놔두시오."

태이가 우리에게 "바라는 바 없음wishlessness"이라는 말을 소개할 때가 기억난다. 나는 처음 '바라는 바 없음'이라는 말을 듣고 아이처럼 좋아했지만 곧 잊어버렸다. 그것은 일시적인 상태가 아니고 안팎의 상황에 의존되는 것도 아니다. 무엇을 바꾸려는 어떤 시도도 있기 전, 경험 자체의 실질적 조건이다. 나는 이 말을 사랑한다, 바라는 바 없음. 태이가 그것을 말했을 때 그가 한 말이나 방식에는 뭔가가 있었다. 아니면 내가 그 말을 처음 들었을 때 불던 바람일 수도 있다. 내게는 그것이 모든 존재들의 감각적 본질을 움켜잡고 있다.

그 "살아 있는 다르마"는 눈부시게 살아 있었고, 아주 훌륭했다. 나는 그 방대함에 흠뻑 젖어 들고 말았다.

이 책이 나오기까지

이 책 『천천히 가라, 숨 쉬며 그리고 웃으며』에 실린 2개의 북마크와 손으로 글을 써 넣은 콜라주들은 모두 1987~1988년에 디자인한 것들이다. 컴퓨터를 사용해서 만든 나머지 것들은 엄지손가락

이 부러저 손을 쓸 수 없게 된 최근에 디자인했다.

손으로 작업한 초기 그림들을 볼 때 그것들마다에 담겨 있는 천진스러움에 감동을 받는다. 그것들은 나의 부드러운 나약함을 비춰 주는 거울이다. 이 책의 콜라주들은 지난 33년 동안에 창작된 것들이다. 본디 출판을 위하여 만든 것은 아니었지만 내가 자두 마을에서 만난 태이를 비롯하여 찬콩 자매, 아름다운 베트남 사람들과 서양의 아이들, 여자들, 남자들에 대한 사랑에서 저절로 파생된 것들이었다. 그것들은 나 자신이 치유되는 과정의 일부였고, 지금도 여전히 그렇다.

이 그림들을 틱낫한의 지혜로운 말들과 함께 엮어서 여러분과 나누게 된 것이 고맙고 기쁘다. 각각의 그림마다 그림에 반영된 틱낫한의 말들을 옆에 밝혀 두었다. 정신적으로 감명을 주면서 실질적이기도 한 가르침이다. 그것들이 마음 챙김의 종소리처럼 여러분을 통해서 되울려 퍼지기를 바란다.

예술 안에 있는 예술

넬 호트만

2014년 틱낫한이 입원하고 나서 며칠 뒤, 라샤니가 전화로 소리쳐 말했다. "태이가 여기 우리 밭에 있었어요. 그의 현존을 강하게 느꼈다고요!" 당시에 우리는 과연 태이가 신체적으로 우리 곁에 있게 될 것인지 아닌지 알 수 없었다. 하지만 그의 회복이 확실해지기 전에 자두마을과 전 세계의 승가들에서 감사, 기도, 존중, 고요의 강한 에너지가 물결친 것은 분명하다. 마치 그의 유산이 다시한번 실현되는 동시에 집단적으로 구현되고, 우리가 여전히 태이로부터 심오한 가르침을 말없이 받고 있는 것 같았다.

나는 이 책에서 틱낫한으로부터, 따라서 우리로부터, 그리고 우리 모두를 위해 나오는 영원한 지혜의 표지들 중 하나를 본다. 태이는 사람의 머리와 가슴을 단번에 사로잡는 언어로 오랜 불교의 가르침들을 나타내 왔다. 태이처럼 라샤니도 깨달음과 깨어남에 대한 가르침들을 증류시키고 불순물을 제거하여 사람들이 그것을 이해하기 쉽게 해 준다.

우리는 라샤니의 예술을 통해 태이의 가르침에 담긴 핵심 지혜를 "알아들을" 수 있게 되고, 살아 있는 다르마가 파문을 일으킨다. 그녀의 예술이 지닌 특성은 눈에 보이는 경계에서 언어의 본질을 포착하는 능력에 있다. 부드럽고 상냥한 토속적 색깔과 형태, 새들의 깃털, 손으로 찢은 종이 안에서 언어의 본질이 드러나 우리를 무한 공간으로 안내한다. 이 예술이 곧 라샤니의 다르마다. 그녀만의 기법과 아름다움을 통하여 라샤니는 지금 그리고 여기에서 마음 챙김의 삶으로 우리를 초대한다.

여러 해 전에 한 언론인이 태이에게, '밭에서 일하지 않으면 아름다운 시를 쓸 시간이 그만큼 많지 않겠느냐'고 물었다. 태이가 말했다. "밭이 없으면 시도 없는 것입니다. 그것들은 서로 안에 있으니까요." 라샤니 또한 서로 의존하여 존재하는 인터빙의 지혜를 깊이 이해하고 있다. 사원 건물과 부엌과 가정이 없으면, 반려동물들과 밭이 없으면, 하와이에 있는 그녀의 성소를 찾아서 오고 가는 성가들이 없으면, 그녀의 아름다운 콜라주 또한 없는 것이다.

라샤니는 5,000그루가 넘는 나무와 작물을 심고 가꾸며 살고 있는데, 자주 이런 질문을 받는다. "밭에 도랑을 파서 물을 대면 더 많은 시간을 벌 수 있을 텐데요?" 그녀의 답은 이렇다. "무엇에 쓸 더 많은 시간을 번다는 거지요?" 땅을 가꾸는 것이 라샤니에게는 더없이 성스러운 **세바**·명상이다. 그것은 그녀의 경계 없는 창작 활동에서 떨어뜨려 놓을 수 없는, 그녀의 땔감이다.

우리가 이 책에서 만날 수 있는 또 다른 친숙한 모습 하나는 라샤니 안에 있는 사회 활동가다. 불의한 세상에 저항하는 그녀의 머리와 가슴이 태이의 참여불교를 전심으로 껴안을 수 있었던 까닭은 그녀가 어려서부터 보고 이해한 세계를 그가 거울로 비춰 주었기 때문이다. 그렇게 해서 태이의 시와 지혜로운 말 속에는 라샤니의 콜라주들과 같은 열정이, 이 세계를 좀 더 평화로운 곳으로 바꾸려는 열정이 숨 쉬고 있다.

프랑스에서 열린 한 법회에서 태이가 라샤니에게 '진정한 황금모래'라는 법명을 주었다. 토속적이고, 반짝거리며, 탁발승을 닮은 그녀의 에너지 – 참 사랑을 향한 열정 – 를 잘 나타내는 이름이라고 생각한다. 또한 그것은 라샤니 예술의 원천인 루미의 시에서도 발견되는 것이다. 참된 사랑은 태이의 가르침에서도 핵심이다. 우주의 온갖 표현들에서, 차 한 잔과 어머니 대지를 딛고 걸어가는 발걸음마다, 사랑받는 이the Beloved를 보고 만나는 것이 그것이다. 이 책『천천히 가라, 숨 쉬며 그리고 웃으며』가 그 사랑을 증언하고 있다.

일러두기

o **오른쪽 페이지**에서 당신은 라샤니 레아의 콜라주^{다르마 그림} 안에 있는 틱낫한의 시와 수행을 포함한 지혜로운 말들을 보게 될 것이다.

o 그리고 모든 그림에 틱낫한의 지혜로운 말에 연관된 생각들이 첨부되어 있다.

좋은 소식은 인쇄하지 않는다.

우리가 좋은 소식을 인쇄하는 것이다.

모든 순간이 특집이다.

우리가 살아 있다는 것이 좋은 소식이다.

Mindfulness
is the basis of happiness

-Thich Nhat Hanh

"마음 챙김이
　행복의 바탕이다."

우리가 우리 숨 – 우리 걸음, 우리 식사 – 과 하나일 때,
그때 비로소 우리는 실재한다.
그리고 그때
우리를 에워싼 모든 것들이 실재하게 된다.

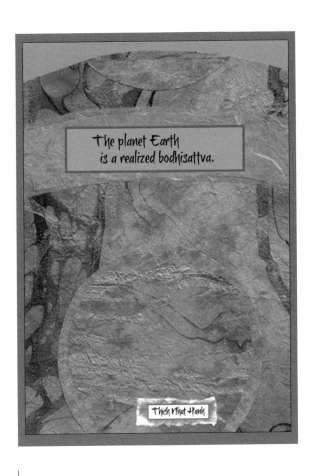

The planet Earth
is a realized bodhisattva.

Thich Nhat Hanh

"지구별은 실현된
 보살이다."

스스로 물어보라.

무엇이 내 안에서 기쁨을 기르는가?

무엇이 다른 이들 안에서 기쁨을 기르는가?

Understanding
is the fruit of looking deeply.

- Thich Nhat Hanh

"이해는 깊이
  들여다봄의 열매."

연꽃이 자라는 데 진흙이 필요하다는 건 누구나 알고 있다.
고통은 우리가 기쁨과 행복을 기르는 데
필요한 진흙 같은 것이다.
우리 자신의 고통과 세상의 고통을
한없는 부드러움으로 껴안고 어르는 법을 배워야 한다.

NO MUD,
NO LOTUS

THICH NHAT HANH

"진흙 없이,
 연꽃 없다."

보통 사람들은 물 위나 희박한 공기 속에서
걷는 것을 기적으로 여긴다.
하지만 우리는 우리가 알아보지 못하는
기적들 속에 있다:
푸른 하늘, 흰 구름, 아이 눈동자.

The real miracle
is not, to walk either
on water or in thin air
but to walk on earth.

Thich Nhat Hanh

"진정한 기적은 물 위나 희박한 공기 속에서
 걷는 게 아니라 땅 위를 걷는 것이다."

평화로 가는 길은 없다.

평화가 길이다.

기쁨으로 가는 길은 없다.

기쁨이 길이다.

"깨달음으로 가는 길은 없다.
깨달음이 길이다."

명상은 우리 몸, 우리 느낌, 우리 마음
그리고 세상에서 일어나고 있는 일들을
알아차리는 것이다.
지금 이 순간 앉아 있을 때
우리는 눈앞에서 전개되는
아름다움과 경이로움을 볼 수 있다.

"꽃과 푸른 하늘과 네가 사랑하는 이는
  지금 이 순간에만 찾아볼 수 있는 것."

네가 딛는 발걸음마다
지금 온 땅을 밟고 있는 것이다.
바로 이 깨어남에 이를 때 너는
많은 고뇌와 잘못된 견해들로부터
너 자신을 해방시킨다.

"어떤 것을 만져 깊이 알아차린다면
당신은 모든 것을 만진 것과 같다."

이 몸은 내가 아니다.
나는 이 몸에 제한되지 않는다.
나는 경계 없는 생명이다.
나는 태어나지도 않고 죽지도 않는다.

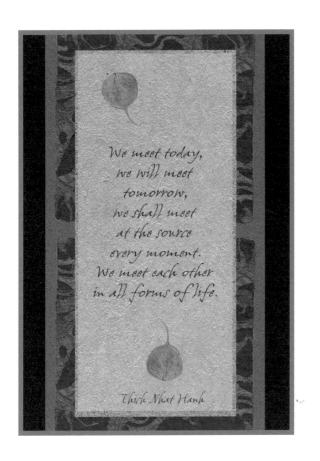

"우리는 오늘 만난다.
우리는 내일 만날 것이다.
우리는 매 순간 근원에서 만날 것이다.
우리는 삶의 모든 형태 안에서 서로 만난다."

불교에서는 아는 것을 깨어남의 장애물로 여긴다.

우리가 어떤 것을 진리로 알고 움켜잡으면

진리 자체가 와서 문을 두드려도

그 문을 열지 않을 것이다.

For things to reveal themselves to us,
we need to be ready to abandon
our views about them.

Thich Nhat Hanh

"무언가가 우리에게 저를
드러내어 보이게 하려면,
그것들에 대한 자신의 견해를
포기할 준비가 되어 있어야 한다."

네 몸은 네가 필요하고,
네 인식은 네가 필요하고,
네 느낌은 네가 필요하다.
네 고통도 그것을 알려면 네가 필요하다.

"화해는 우리 안에
자리 잡는다."

누구를 사랑한다면,

그 사람이 너를 쓰게 하여라.

Each time we come back to the present moment, we are making ourselves available.

Thich Nhat Hanh

"지금 이 순간으로
돌아올 때마다,
우리가 우리를
쓸모 있는 존재로
만드는 것이다."

나에게 소중한 모든 것과 내가 사랑하는 모든 사람이
본디 변하게 되어있다.
내 행동이 바로 내가 서 있는 바탕이다.

이것이 붓다의 다섯 유품들 가운데 다섯 번째 것이다.
지금 여기에서 만나는 삶의 경이로움을
깊이 감상하는 데 도움을 주는
마음 챙김의 종소리다.

MY ACTIONS
ARE MY ONLY TRUE BELONGINGS.

THICH NHAT HANH

"내 행동이 나의 유일한
진짜 재산이다."

숨을 들이쉬며, 내 몸을 고요케 한다.
숨을 내쉬며, 웃는다.
현재 순간에 머무는 동안,
이것이 경이로운 순간임을 안다.

You can't calm the storm ... so stop trying.
What you can do is calm yourself.
The storm will pass

Thich Nhat Hanh

"너는 폭풍을 잠잠케 할 수 없다… 시도하지 마라.
네가 할 수 있는 건 너를 잠잠케 하는 것.
폭풍은 지나갈 것이다."

제 2 부

숨 쉬며

Breathe

Breathe

천천히 가라, 숨 쉬어라
그리고 창조하라

모비 와렌

틱낫한의 말을 담은 라샤니의 콜라주들은 명상 만다라로 우리를 초대하여 깊이 들여다보게 한다. 콜라주마다 나 자신의 숨으로 돌아가라고 나를 부추기며 숨 쉰다. 라샤니는 자연 발생적이고 피할 수 없을 것 같은 모양과 색깔, 리듬과 패턴을 선택한다. 각각의 이미지들은 어린아이 얼굴처럼 신선하다. 내가 그녀의 예술에 눈을 둘 때면 나뭇잎이나 돌멩이 하나를 보는 느낌이고, 그림들마다에서 헤아릴 수 없지만 한 곳으로 수렴되는 요소들의 독특하고 무상한 표현을 본다.

예술에는 사람을 움직이고 일깨우는 특별한 잠재력이 있다. 이 책을 읽으면서 나는 다양한 경계를 넘어 공동체를 창조하는 일에 예술이 어떤 역할을 하는지, 특히 국제적인 틱낫한의 교단에서 예술이 어떻게 작용하는지를 보고 있는 자신을 발견하였다. 이 책이 나를 움직여 서랍을 열고 거기 들어 있던 작은 물건을 꺼내게

했다.

내 손에 있는 이것은 정교한 뜨개질로 만든 미역취국화과에 속한 여러해살이풀색 작은 쌈지다. 바느질이 섬세한 것을 보면 아주 가는 뜨개바늘을 사용한 게 분명하다. 쌈지의 졸라매는 끝부분에는 치맛자락 휘날리며 춤추는 두 꼬마 인형이 달려 있다. 어렸을 때 할머니와 어머니가 조각 헝겊으로 만들어 주신 인형들이 생각난다.

이 작은 쌈지는 15년 전쯤 베트남 전쟁이 한창일 때 사이공의 악명 높은 감옥에 갇혀 있던 어느 베트남 여인이 만든 것이다. 감옥에 갇힌 많은 다른 여인들처럼 그녀도 평화 시위에 가담했다는 이유로 체포된 몸이었다. 그들 중에는, 어쩌면 그녀도 포함해서, 어린 자녀를 둔 여인들이 있었다. 당국은 아이들도 엄마와 함께 감옥에 던져 넣었다.

비구와 비구니들은 최선을 다하여 갇힌 이들을 방문해 허용되는 만큼 과일이나 의약품을 전달하고 때로는 뜨개바늘을 주어서 손으로 무엇인가를 만들 수 있게 해 주었다. 나도 바느질을 해 보았기에, 수작업으로 누군가에게 줄 아름다운 물건을 만든다는 것이 위문 공연만큼이나 마음을 편안하게 해 준다는 사실을 알고 있다. 이 작은 복주머니처럼 생긴 지갑을 받는 사람이 바로 나라는 사실은 나를 겸손하지 않을 수 없게 만든다.

나는 단 한 번도 이 안에 무언가를 담아 본 적이 없다. 그 대신 여기에는 틱낫한의 말과 라샤니의 그림이 보여 주는 비어 있음, 우주를 숨 쉬게 하고 그것을 가능케 해 주는 비어 있음이 담겨 있다. 이 비어 있는 작은 황금색 주머니에서 나는 한 여인과 감옥, 전쟁, 동정, 뜨개질에 필요한 것들, 여인의 손놀림, 굶주림, 고통, 희망 그리고 아주 작은 친절에 감사하는 마음을 본다.

나는 무슨 친절을 베풀었던가? 나는 19살 때 베트남에 갇힌 이들의 석방을 촉구하는 단식 모임에 참여했고, 글에서 읽은 베트남의 학생 평화 활동가 응우옌 티 옌Nguyen thi Yen에 관하여 시를 쓰기도 했다. 그리고 얼마 뒤인 1973년, 틱낫한과 찬콩 자매가 주도하여 파리에 본부를 둔 베트남 불교 평화사절단에서 베트남의 평화, 재건, 화해를 위한 불교계의 노력과 유럽, 미국 전역의 후원자들 사이를 잇는 자원봉사자로 일하기도 했다. 찬콩 자매는 우리 부모님이 생일 선물로 보내 준 적은 액수의 돈을 베트남 감옥에 갇힌 이들의 가족에 전하는 일도 도와주었다. 또한 영어로 쓴 내 시를 베트남어로 번역해서 베트남 현지 신문에 실리게도 해 주었다. 아래에 있는 것이 그 시다.

스님들이 보낸 오렌지 잘 전달되었나요?

수감자들에게 스님들이 보낸

태양의 작은 공들 잘 받으셨기 바랍니다.

오렌지의 달콤한 즙을 빨아먹고

맛있는 속살을 씹을 때

그 껍질은 남겨 두셨는지요?

어쩌면 다른 수감자들 발에 묻은

마른 피를 닦아 주려고,

또는 그것을 잘게 부수어

간수들이 악취 나는 그릇에 담아 준

(생선 간장 따위 아예 없는)

밥과 함께 비벼 먹으려고,

아니면, 당신 이마와 손목에 문질러

오렌지 꽃 같은 향기 내려고

당신 손톱으로 그것을 찢으셨나요?

오렌지를 그렇게 사용하시면

당신 저항의 상징, 아니, 상징이 아니라,

사랑의 씨앗들에 대한

당신 믿음의 구체적 행동이 되겠지요.

Are the Buddhist monks and nuns
allowed to bring you oranges?
I hope that you receive
those small globes of sun
that the monks and nuns
are permitted to bring some prisoners.
And if sometimes you do have oranges,
when you have sucked out all the sweetness
and chewed all the delicate pithiness;
do you save the skin?
Perhaps to scrape dried blood
from another prisoner's feet.

Or maybe you save the peel
to break into bits
to eat with the rice
the guards bring
(without blessing of fish sauce)
in bad smelling bowls.
Or perhaps you pinch out
pieces of the peel
with your fingernails
to rub on your forehead and wrists
to smell like orange blossoms.
And used these ways
the orange might become for you
a symbol of resistance,
no, not symbol,
but the concrete act
of your faith
in the seeds of love.

Mobi Warren

몇 달 뒤에 우리는 베트남에서 보낸 소포를 받았다. 작은 선물이 그 안에 담겨 있었다. 베트남 감옥에 갇혀 있는 한 여인의 작품이었다. 미역취 색깔의 작은 쌈지였는데 작은 오렌지나 복숭아, 또는 귤을 넉넉히 담을 만했다. 그것을 만든 여인은 내 시에 등장하는 옛 자매가 아니었다. 하지만 물론 그녀였다. 나이기도 하고, 당신이기도 하고. 거기에 우리가 서로 주고받는 고통과 자비가 직조

되어 있다. 마음 챙겨 솜씨 있게 짠 것이면, 그것이 무엇이든, 인간과 인간을 묶어 주는 준엄하고 힘 있는 몸짓일 수 있는 것이다.

라샤니의 빛나는 콜라주들이 보여 주듯이 태이의 가르침 중심에는 언제나 예술이 현존한다. 나는 그녀가 태이의 지혜를 모으고 그림으로 그려서 이 우아한 책에 담아 준 것이 고맙다. 이 책을 하루에 한 쪽이나 두 쪽 정도 읽으면서 이곳에 있는 그림과 말들을 깨어남에 이르는 길로 삼아 보라는 그녀의 제안을 나는 사랑한다.

이 책을 천천히 읽는 동안, 마음 챙겨 깨어남과 자비를 수련하는 것이 어떻게 노래, 시, 서예, 춤 등으로 표현되었고 평화 사절단에서 보낸 하루하루의 그것들이 어떻게 직조되어 있었는지가 생각났다. 아기 붓다 목욕시키듯이 하는 접시 닦기, 태이가 찻주전자에 즐겨 넣어두는 생강 냄새를 맡으며 손으로 찻잔 들기, 욕조에 옷가지들 넣고 빨래하기, 꽃가지들 꽃병에 꽂기 – 이 모두가 예술 활동이었고 창조적이며 반드시 있어야 하는 의전儀典에 참례하는 것이었다. 우리가 원을 그리고 둘러앉아서 베트남 민요 〈카 다오 ca dao〉를 부르거나 시를 낭송하는 가운데 긴 하루가 마감되곤 했다. 후옹 자매는 야생 박하나무를 잡고 있거나 자기가 바느질해서 만든 옷에 꽃을 수놓거나 아니면 올리브나무를 깎아 단추를 만들었다. 시우 형제는 테두리 넓은 멕시코 모자를 쓰고 좋아하는 멕시코 노래를 흥얼거리거나 우스갯소리로 우리를 웃게 만들었다. 슬픔을 달래 주는 힘이 있는 예술적 삶의 기쁨과 온갖 형태의 예술이 내가 사절단에서 보낸 그 모든 날에 섞여 있었다.

물론 뜨개질로 지갑을 만들든지 손으로 찻잔을 잡든지 노래를 부르든지, 무엇을 창조하는 움직임은 기본적인 창조 행위인 숨쉬기, 들숨과 날숨에 그 뿌리가 있다. 호흡은 우주의 창조하는 욕망이다. 태어남과 죽음의 끝없는 물결, 태어남도 죽음도 없이 우리 모두를 잡고 있는 강과 바다, 헤아릴 수 없고 끊임없이 바뀌는 온갖 모양을 한 생명.

결국 나는 내 고향인 텍사스로 돌아왔다. 그곳에서 한 예술 박물관의 구전口傳 이야기꾼이자 꼭두각시 인형극 연출가로 아시아관에서 태이가 들려주었던 베트남 창조 설화를 전하는 일을 했다. 또한 견학 온 학생들에게 서로 너무나 다르고 화해할 수 없어 보이는 하늘의 여신과 용이 어떻게 첫 베트남인 100명의 부모가 되었는지를 들려주었다.

지난 몇 년 동안 나는 태이의 걷기명상에 영감을 얻어 자연 속에서 시 짓는 산책을 인도하고 있다. 참가자들이 마음 챙겨 걷다가 걸음을 멈추고 땅에 앉아서 시를 짓거나 함께 나눈다. 이 산책의 중심에 있는 것은 소중한 지구별에서 사람들로 말미암아 사라져 가는 다양한 생명체들에 대한 우리 모두의 슬픔이다. 시 짓는 산책은 걸음을 느리게 하여 곤충, 나뭇잎, 구름을 제대로 보고 새, 매미, 바람 소리를 제대로 듣고 들꽃, 나무껍질, 진흙에 묻힌 돌의 향기를 제대로 마셔 보라는 초대다. 우리가 먼저 충분히 살피고 그것들과 충분히 연결되지 않고서는 이 생명들과 장소를 보호할 수 없다.

무생물에 생기를 불어넣는 꼭두각시 연출가로서 마음 챙겨 쉬는 나의 숨결이 인형들 속으로 들어가 그것들을 움직이게 할 때, 나는 그것이 살이든 천이든, 모든 사물이 서로 연결되어 있으며 동일하게 춤추는 입자들로 구성되어 있음을 경험한다. 나의 이 모든 예술 작업과 시 짓기는 수년 동안 태이낫한틱낫한 가까이에서 일할 수 있었던 드문 기회를 통해 깊이 형성되고 자양분을 얻게 되었다.

라샤니가 피워낸 콜라주들, 그 모든 이미지들이 정확한 모양과 색깔로 지혜의 보석을 담고 있는 것은 태이의 가르침과 현존이 우리 안에 있는 예술가를 어떻게 살려 내는지, 또한 어떻게 예술이 우리를 바꿔 놓고 치유하는지를 보여 주는 훌륭한 증거다.

민요 〈카 다오〉가 전쟁 중에 많은 베트남 사람들을 지켜 주었다는 태이낫한의 믿음을 라샤니가 우리에게 전해 주었다. 나는 라샤니가 들려주었던, 낡은 자전거 핸들로 피리를 만들어 민요를 연주한 남자 이야기에 큰 감명을 받았다. 나 또한 그 노래가 지닌 말할 수 없는 정신의 힘을 경험한 바 있다. 우리가 프랑스에서 함께 자주 부르던 노래 〈카 다오〉는 누가 새장에 갇힌 까치를 강 건너로 옮겨 거기서 풀어 주겠느냐고 묻는다. 이는 시장에서 도축될 운명에 처한 동물을 값을 치르고 사서 풀어 주는 수행을 가리킨다. 부모님 생일을 기념하여 시장에서 살아 있는 물고기를 사다가 강물에 풀어 주는 방생이 한 예이다. 나는 까치가 사람들 내면에 있는 표현의 자유를 갈망하는 창조적 충동일 수 있다고 생각한다. 찬콩 자매는 이 책 후기를 통해 제 목소리를 내지 못하는 예술가들을 후원하기 위한 자신의 노력을 기록한다. 그녀는 그들이 망각되었음을 세상에 알림으로써 새장의 수많은 까치들, 예술가들을 풀어 주었다. 분명 우리 모두 가까운 데서 또는 자기 안에서 새장 문이 열리기를 갈망하는 까치들을 볼 수 있을 것이다.

지금 내 손에는 우리 할머니가 쓰던 100년쯤 된 코바늘도 들려 있다. 그녀의 삶은 평탄치 않았다. 14살 때 아버지가 가정을 버렸고 어머니는 정신병원에 수용되었다. 누이동생은 고아원으로 갔고 본인은 친척 집에 더부살이를 하게 되었다. 그러던 어느 날,

친구의 블라우스가 너무나 좋아 보인 할머니는 친구에게 그 옷을 어디에서 샀느냐고 물어 보았다. 친구는 뽐내는 얼굴로 자기가 바느질해서 만들었다고 답했다. 할머니는 집으로 돌아가 어떻게 하면 그토록 아름답고 멋진 블라우스를 만들 수 있는지 그 방법을 배우기로 결심했고, 실행에 옮겼다. 그녀는 자신의 창조성을 풀어 놓아 바느질, 뜨개질, 박음질, 누빔의 타고난 재능을 마음껏 발휘하였다. 또한 동생들 가까이 머물며 가족을 지켜 냈다. 골동품이 된 코바늘을 손에 쥐고 있을 때 나는 할머니의 고통과 기쁨을 접하게 된다. 할머니는 내가 10살 때 처음으로 내 첫 번째 꼭두각시 인형을 디자인하고 바느질하는 걸 도와주었다. 문어에 마법을 건 인어 공주 인형이었다. 나는 자주 꼭두각시 복장에다 할머니의 섬세한 레이스 조각을 붙이곤 한다. 이런 식으로 할머니의 창조성이 계속 살아 있다는 생각을 즐기는 것이다. 할머니는 내 안에, 이 꼭두각시 인형 안에, 살아 있다.

할머니가 아흔다섯 나이로 죽어갈 때 아버지는 침대 곁에 앉아서 그녀가 좋아하던 감리교 찬송을 불러 주었다. 아버지의 근사한 베이스가 울리는 소리를 들으며 할머니는 저 세상으로 건너갔다. 이후 라샤니가 임종하는 아버지 곁에서 태이의 〈오지도 않고 가지도 않는〉을 불러 주었다는 말을 들었을 때 나는 죽어 가는 부모 곁에서 노래를 부르는 친밀한 경험이 영적 전통에 반영되어 있다는 것에 충격을 받았다. 나는 사랑하는 이와 더불어 마지막 노래를 나누는 것이 얼마나 자연스럽고 아름다운지를 느꼈다. 아름다운 추억들, 이미지들 그리고 지혜로운 말을 모아 엮은 이 책에서 나는 한층 광대한 부드러움을 느낀다.

베트남의 한 여인이 뜨개질하여 만든 미역취색 쌈지, 우리 할머니가 뜨개질로 만든 기막힌 퀼트. 이것들은 나에게 예술이 사람으로 하여금 어떻게 고통을 접하고 그것을 바꿔 놓게 하는지를 보여 주는 성스러운 유품들이다.

라샤니, 당신의 아름다운 예술이 고맙다. 태이, 당신의 지혜로운 말들이 고맙다.

이 책을 읽는 사람마다 개인과 지구별의 온갖 고통을 바꿔 놓는 길을 찾게 되기를.

당신 가슴 속 새장에 갇힌 까치들이 자유롭게 풀려나 세차게 날개를 저으며 기뻐하기를.

천천히 가라, 숨 쉬어라. 그리고 창조하라.

우리가 삶을 만날 수 있는 때는 지금 이 순간이다.

우리가 삶을 만날 수 있는 곳은 여기, 바로 이곳이다.

Be part of the miraculous moment.

Thich Nhat Hanh

"기적 같은 순간의
한 부분이 되어라."

붓다가 태어났을 때 일곱 걸음을 걸었는데
발자국마다에서 꽃이 피어났다고 한디.
걷기 명상을 하면 당신도 그럴 수 있다.
당신 발이 땅에 닿을 때마다 거기에서 피어나는 튤립,
치자나무 또는 연꽃을 그려 보라.
당신 가는 곳마다
꽃들이 피어나는 들판을 보게 될 것이다.

"천천히 가라, 숨 쉬며
그리고 웃으며."

나는 벤 트레가 폭격 당한 뒤

"우리는 마을을 구하기 위해서 마을을 파괴해야 한다."고

미군 장교가 말했다는 소식을 듣고 이 글을 썼다.

I hold my face in my two hands.
My hands, hollowed to catch what might
fall from within me
deeper than
crying.

~thich Nhat Hanh

"나는 두 손으로 얼굴을 감쌌다.
 두 손을 오므려 속에서 울음보다 깊게
 떨어져 내리는 것을 잡아야 했다."

숨이 들어오게 놔둬라.
아무것도 억지로 하지 말고
간섭도 하지 말고, 숨 쉬어지는 대로 두고,
그저 들숨을 즐겨라.
자신의 호흡에 깨어 있는 것만으로
당신은 현존하게 된다.
놀라운 기적!
명상이란 당신과 함께 거기 있는 것이다.

Breath is the bridge which connects life to consciousness,
which unites your body to your thoughts.

Whenever your mind becomes
scattered, use your breath
as the means to take
hold of your mind
again.

Thich Nhat Hanh

"숨은 삶과 의식 사이를 이어주는 다리다.
 그것이 당신 몸과 생각을 하나 되게 한다.
 마음이 흐트러질 때마다 그 마음을
 다시 붙잡는 수단으로 호흡을 이용해라."

프랑스 과학자 라부아지에가 말했다.

"아무것도 태어나지 않고 아무것도 죽지 않는다."

이 진실을 몸으로 깨칠 때

비로소 우리는 존재하지 않음에 대한 두려움,

멸절에 대한 두려움을 넘어설 수 있다.

Our true nature is the nature
of no birth and no death.

Thich Nhat Hanh

"우리의 참 본성은 태어나지도
죽지도 않는 본성이다."

이것은 1965년에 베트남 사회봉사청년학교
젊은이들에게 써 준 내 시의 한 구절이다.
당시에 그들은 전쟁의 소용돌이에서
날마다 목숨을 걸어야 했다.
나는 그들에게 증오를 경계하라고,
인간은 우리의 적이 아님을 기억하라고 호소했다.
우리의 적은 우리의 분노, 증오, 탐욕, 광신
그리고 차별이다.
당신이 용서하면서 웃을 수 있다면
당신은 큰 힘을 지닌 사람이다.

... on the long, rough road both sun and moon will shine, lighting my way.

-Thich Nhat Hanh

"…길고 험한 길에서 빛나는 해와 달이
내 길을 비춰 줄 것이다."

여러 해 전 이탈리아에서 한 가톨릭 사제가
나를 위해 대중 강연을 주선해 주었다.
사전에 만난 자리에서 내가 그에게 물었다.
"당신에게 성령은 무엇입니까?"
성령은 하느님이 우리에게 주시는 그분의
에너지라는 게 그의 답이었다.
나는 그 표현이 참 아름답게 느껴졌고
불교 신자로서 아주 쉽게 받아들일 수 있었다.
성령은 우리가 자비를 베풀고 질병을 치유하는 데
도움을 주는 일종의 에너지다.
불교는 이를 마음 챙김으로 설명한다.
우리가 매일 하는 수련은 그 에너지를
더욱 강하게 해 주려는 것이다.

When mindfulness is present,
the Buddha and the Holy Spirit
are already there.

Thich Nhat Hanh

"마음 챙김이 있을 때,
 거기에 이미 붓다와 성령이 있다."

고마워라, 무상함 덕분에
우리가 고통을 기쁨으로 바꿀 수 있구나.

LONG LIVE IMPERMANENCE.

THICH NHAT HANH

"덧없음 만세."

인생은 고통으로 가득 차 있다.

그러나 또한 푸른 하늘, 밝은 햇살, 아기 눈동자 같은

경이로운 것들로도 가득 차 있다.

우리는 생명의 경이로움에도 가서 닿아야 한다.

우리 안, 우리 주변, 모든 곳, 모든 때에 그것들이 있다.

"고통만으론
　충분치 않다."

깨어 있는 것은 언제나 무엇에 대하여 깨어 있는 것이다.
당신이 푸른 하늘을 보면서 그것을 알아차리면
하늘은 현실이 되고 당신도 현실이 된다.
그것이 깨어 있음이고 깨어 있음이
참된 삶과 참된 행복을 가져다 준다.

There is no enlightenment
outside of daily life.

Thich Nhat Hanh

"깨달음은 일상생활
바깥에 있지 않다."

세상의 고통에 깨어 있는 힘을 기를 때
우리는 깊은 통찰에서 나오는 자비를 느낀다.

I have come to rebuild what has been shattered. To rebuild love.

-Thich Nhat Hanh

"드디어 흐트러진 것을 다시 세우게 되었다.
사랑의 재건."

베트남 전쟁이 끝나고 많은 사람들이 작은 보트로
고국을 떠나야 했다. 우리는 보트에서 태국 해적에게
강탈당한 소녀 이야기가 적힌 편지 한 통을 받았다.
그 일이 있은 뒤에 소녀는 바다에 몸을 던져
스스로 목숨을 버렸다. 당신은 그런 일을 알았을 때
자연스럽게 소녀의 편이 될 것이다.
하지만 나는 명상 가운데 내가 만일 그 해적이
자란 마을에 태어나 같은 조건에서 자랐다면
나 역시 지금 해적이 되었을 것임을 알았다.
나는 그토록 쉽게 나 자신을 정죄할 수 없었다.
오랜 명상 끝에 나는「부디 나를 내 참 이름들로
불러다오」라는 시를 썼다. 그 시에는 세 사람이 등장한다.
12살 된 소녀, 해적 그리고 나. 우리는 서로 마주 보며
상대방 안에 있는 자기를 알아볼 수 있는가?
나는 참 이름들이 많다. 그것들 가운데 하나를 부르면
"예."라고 답하지 않을 수 없다.

Please call me by my true names so I can wake up, so the door of my heart can be left open; the door of compassion.

—Thich Nhat Hanh.

"부디 나를 내 참 이름들로 불러 다오.
 그리하여 내가 자리에서 일어나
 내 가슴의 문을, 자비의 문을,
 열 수 있게 해 다오."

당신은 사랑하는 사람 눈을 들여다보며
이렇게 깊이 물어본 적 있는가?
"내 고통을 자기 고통으로, 내 행복을 자기 행복으로,
내 삶을 자기 삶으로 삼는 당신은 누구인가?
내 사랑이여, 어째서 당신이 이슬방울, 나비, 새
또는 소나무가 아닌가?"
당신은 당신의 온 마음으로, 당신의 온 존재로
이렇게 묻고 그 질문에 답해야 한다.

"나 어떻게 당신을 더없이
 사랑할 수 있을까?"

꽃은 제 안에 모든 것이, 전체 우주가
들어 있음을 알고 있다.
그래서 다른 무엇이 되려고 하지 않는다.
당신도 그렇다.
당신은 당신 안에 하느님을 모시고 있다.
그러니 하느님을 찾아야 할 이유가 없다.

To see that we are
loved by the whole cosmos
is important.

-Thich Nhat Hanh

"우리가 전체 우주의 사랑을
받고 있는 줄 아는 게 중요하다."

당신이 시인이라면 분명 이 종잇장에서 떠다니는 구름을
볼 것이다. 구름이 없으면 비가 없을 것이고,
비가 없으면 나무들이 자라지 못할 것이고,
나무들이 없으면 종이를 만들 수 없을 것이다.
우리가 비를 구름으로, 햇빛을 해로, 벌목꾼을
그 어머니로 돌려보낸다면, 그렇다면 우리에게 종이는
없을 것이다. 이 종이는 "종이 아닌 요소들"로만
만들어진 것이다. 우리가 종이 아닌 요소들을 모두
제 근원으로 돌려보낸다면 종이는 있을 수 없는 물건이다.
불교에 따르면 종이 한 장도 비어 있음空이다.
동떨어진 자아가 비어 있는 것이다. 그 구성 분자들 가운데
어떤 것도 혼자서는 존재할 수 없다. 모든 것이 공존한다.
다른 모든 것과 "서로-안에-있는" 것이다.
"비어 있음"은 동떨어진 자아의 비어 있음이다.
그것은 모든 것으로 가득 차 있다. 무상無常과
무아無我는 삶의 부정적인 얼굴이 아니다.
오히려 그 위에 모든 것이 세워지는 본바탕이다.

Selflessness
is the interdependent nature of all things.
Without interdependence, nothing could exist.

Thich Nhat Hanh

"무아無我는 존재하는 모든 것의 상호 의존성이다.
상호 의존하지 않으면 아무것도 존재할 수 없다."

제 3 부

그리고 웃으며

and Smile

and Smile

부서지지 않는 것

라샤니 레아

뒤에 첨부한 시 〈부서지지 않는 것The Unbroken〉이 나에게 왔을 때, 나는 여섯 가족과 친구 몇을 여의고 나서 극심한 슬픔과 육체적 통증으로 몹시 쇠약해진 상태였다. 18년간 살던 프랑스를 떠난 직후였고 16살 된 아들은 아버지와 함께 살기 위해 캐나다로 옮겨 갔다. 나는 지난 여섯 달 사이에 숙모, 삼촌 그리고 아버지를 차례로 떠나보냈다.

캘리포니아의 친구를 방문했을 때 몇 가지 혈액검사를 했는데 림프선 부종이 진행되었다는 결과가 나왔다. 의사들은 내가 적어도 12개월 안에 정맥 항생제를 투여하지 않으면 1년 이상 생존할 수 없으리라는 것에 동의했다. 나의 면역 체계는 특별히 약했고 기운이 아주 조금밖에 없는데다가 몸의 여기저기가 쑤시고 아팠다. 오토바이 사고를 당한 뒤로 10년 넘도록 지독한 통증에 시달리며 꼼짝 못하고 자리에 누워 있어야 했던 경우가 자주 있었다. 뼈 마디마디가 불에 타는 느낌이었고 만성적으로 몸이 피곤했다.

여섯 번째로 가족을 떠나보내자 내 전 존재가 흩어진 느낌이 들면서 돌연 살아야 할 이유가 보이지 않았다. 나는 엘리자베스 퀴블러-로스 박사의 조수로 일하는 동안 수없이 많은 죽은 사람, 죽어 가는 사람 그리고 죽음 앞에서 평온해지는 법을 수련한 사람들과 함께 시간을 보냈다. 그런데 갑자기, 정말 예상치 못한 가운데 그 어디를 둘러보아도 평온함은 존재하지 않았다.

부모를 여읜다는 것은 광활하고 텅 빈 사막 같은 것이었다. 나는 갑작스러운 아버지, 삼촌, 숙모의 죽음을 소화시켜 보려고 무진 애를 썼다. 그러나 내 존재 의미를 보증해 줄 핵심 요소를 정한다는 것이 너무나도 어렵다는, 솔직히 말해 아마도 불가능하겠다는 사실을 발견하였다. 나는 회전하는 공허의 소용돌이 속에서 상처 입은 매처럼 빙빙 돌았다. 그동안 나를 감싸고 붙잡아 주던 바로 그 바람이, 더 이상 느껴지지 않았다.

12월 초 어느 날 밤, 캘리포니아의 한 친구로부터 자기 집을 방문해 달라는 초청을 받았다. 하지만 비록 사랑하는 사람들이라 해도 그들과 함께 있는 내 모습은 상상조차 할 수 없었다. 자신들이 알고 있는 예전의 나를 기대할까 봐 두려워서였다. 그러나 분명이 위태로운 건물은 점점 무너져 가고 있었다. 나에게 일어날 일을 남들에게 설명할 마땅한 말이 없었다. 어떤 사람이 되어야 한다는 욕망에서 자유로워졌다는 것이 큰 위안이긴 했지만 근심 걱정이 온몸을 관통해 꿈틀거렸다. 공포와 조용한 탐색의 순간들이 번갈아 찾아왔다. 나는 호기심을 품고서 나의 에고가 한때 유용한 전술이었던 갑판으로 슬금슬금 기어오르는 것을 바라보았다. 그러나 어느 것도 현실감이 느껴지지 않았고 기운을 쓸 가치도 없어 보였다.

한밤중에 나는 깊은 구렁에 빠진 것이 아니라 깊은 구렁 그 자체가 되어 있었다. 검정색 천에 구멍을 낸 총알처럼 빛나는 수억만 별들의 끝없는 비명碑銘을 보면서 몇 시간을 걷고 난 뒤에 나는 차가운 땅에 무릎을 꿇고 틱낫한의 시를 읊조리기 시작했다. 전에 내가 노래로 만든 것이었다. "오지도 않고 가지도 않는."

나는 그 노래의 의미를 가슴으로 이해했고 수많은 사람들과 함께 불렀다. 베트남 난민들을 위하여 그 노래를 부를 때는 그들의 맑은 눈에서 흘러내리는 눈물을 보기도 했다. 그들은 자두마을 홀에서 손으로 만든 방석에 꼼짝없이 앉아 있었다. 나는 그 노래를 미국 사람, 프랑스 사람, 참전 병사들과 그들의 가족 앞에서도 불렀다. 그러면서 몇 십 년 만에 처음 울어 본다는 병사들도 만나 보았다.

하지만 내 삶에 아무 의미가 없는 마당에 죽음-없음을 머리로 이해한들 그게 다 무슨 소용인가? 나 자신이 사기꾼처럼, 내가 속한 교단을 거스르는 반역자처럼 느껴졌다. 갑작스러운 회오리가 내 생각들을 돌이킬 수 없는 산산조각으로 찢어 놓았다. 차가운 땅에 앉아서 익숙한 노래를 부르고 또 부르는 것이 자신의 내적 경험과 너무나도 어울리지 않는 엉뚱한 짓이 되고 말았다.

자연스럽게 생겨나지 않고, 추방당한 격동의 25년 세월 동안 축적된 모든 것이 진실로부터, 순간의 살아 있음으로부터 쓸데없이 도망치려는 작은 뚜껑처럼 느껴졌다. 오랫동안 부끄러움의 베일에 가려져 있던 나 자신의 버림받은 한 부분이, 어느 사랑하는 연인처럼 부드럽고 연약해 보였다.

'나'라는 것의, 끊임없이 이어지는 생각들의 개요槪要가 침묵에 길을 내 주었다. 내 존재의 껍질, 그 습관적인 고군분투가 조용히 멎었다. 눈앞에서 벌어지는 일들을 이해하고 바꿔 놓아야 한다는 의무감도 사라졌다. 오랫동안 먼지처럼 쌓여온 수많은 비非진실들이 정체를 드러내면서 처음 나타났을 때처럼 신비롭게 자취를 감추었다. 나는 미지의 존재에 의하여 알려지지 않은 존재로 그 형태가 달라졌고, 한때 나의 인생이라고 부르던 향로에서 타고 남은 재로 가루가 되어 부서졌다.

나는 어떤 것도 거절하거나 일삼아 받아들이지 않은 채 모든 경험을 그냥 있는 그대로 바라보기만 했다. 수행할 것도 저항할 것도 없었다. '나'라는 개념이, 그 안에서 '나'와 '내 것'이 조용히 사라져 간 열린 현존과 더불어 녹아내렸다. 갑자기 무엇에 깨어 있느냐가 알아차림 자체보다 덜 중요한 것이 되었고, 아픔을 알고 있는 나의 한 부분이 전혀 아프지 **않았음**을 알게 되었다. 열린 알아차림 속으로 녹아들면서 문득 이 분리되지 않은 봄-undivided seeing이 스스로 보고 느낀다고 생각했던 '**누구**'의 자리를 대신 차지했다.

두려움보다 큰 무엇이, 아마도 은총이, 나를 절망의 진원지로 깊이 더 깊이 끌어당겼다가, 밖으로 더 멀리 아무것 아님nothing 속으로 밀어냈다가 다시 더 깊이 끌어당기고 더 멀리 밀어내고… 마침내 유형과 무형 사이에 아무 분별이 없어질 때까지 계속해서 거듭되었다. 그것이 나를 붙잡고 인지할 수 있는 모든 울타리를 넘어 그동안 어떻게든지 피하려고 했던 비옥한 비어 있음fertile emptiness 속으로 데려갔다. 나는 그 이름-없는 현존에 벌거숭이로 노출되어 나의 전체 골격이 아무것 아님 속으로 무너져 내리는 것을 지켜보았다.

그 알 수 없는 밤이 더없이 이상했던 건 내가 눈앞에서 벌어지는 것을 찬성도 반대도 할 수 없는 처지가 되었다는 것이다. 무엇을 바꿔야 할 필요가 없었다. 영문을 알 수 없는 편안함이 느껴졌다. 고치고 모양을 내고 설명하고 놔버리고 이해하고 그럴 무엇이 없었다. 분노도 슬픔도 보이지 않았다. 깊은 구렁마저도 그냥 하나의 개념 같았다. 허공the void이 반짝거리며 인식의 대상이 아닌 다른 무엇이 되었다.

나는 여전히 춤추고 있었지만 춤추는 '나'는 없었다. 아무것도 아니면서 모든 것인 춤의 패러독스가 거기 있었다. 그것은 그 안에서 우리가 아무도 아니고, 모든 사람인 동시에 어떤 누군가인, 무한 속에서 추는 유한의 춤이었다. 이 '시계권時計圈, clockcracy'의 알력과 시간-없음 안에서, 온갖 반대되는 것들은 곧장 완전한 전체 속으로 사라져 버렸다.

나는 펜을 들었고 배낭 주머니에서 구겨진 종잇장을 찾아냈다. 솔직히 그 시가 종이 위에 어떻게 저를 드러냈는지 모르겠다. 그것은 나를 통해 나에게 온 선물이었다. 가슴의 틈새가 차츰 벌어지더니 마침내 깨어지고 열려진 곳으로 사랑의 급류가 흘러넘쳤다. 웃고 울면서 나는 내가 12살이었을 때 남동생의 죽음 이후 겪어야 했던 수많은 경험들이 내가 그런 줄 믿었던 것들이 깨지는 것을 감추려는 시도였음을 깨닫게 되었다.

마지막 말을 달빛 아래 적고 나서 꿈도 꾸지 않고 여러 시간 잠을 잤다. 깨어났을 때 세상은 여전히 같으면서 전혀 다른 세상이었다. 그날 나에게 일어난 일을 어떤 말로 설명할 수 있을지 모르겠다. 다만 달빛과 눈물에 젖어 태어난, 구겨진 종잇장 위의, 시 한 편 있을 뿐.

거기에서 부서지지 않는 것이 나오는 부서짐이 있고,
거기에서 깨어지지 않는 것이 피어나는 깨어짐이 있고,
기쁨으로 이끄는 온갖 비통 너머에 슬픔이 있고,
그 깊은 곳에서 힘이 솟아나는 약함이 있다.
사람의 말로 감당하기에는 너무나 넓은 공간이 있어
그리로 우리는 모든 상실과 더불어 통과하고
그 어둠 속에서 신성한 존재로 태어난다.
날카로운 톱니로 심장을 도려내는,
모든 소리보다 더 깊은 부르짖음이 있다.
우리가 노래하는 법을 배우면서,
부서지지 않고 온전한 내면의 장소로 들어갈 때.

마음 챙김은 사랑과 이해의
에너지 배양에 도움을 준다.
참 사랑은 사람을 치유하고
인생에 의미를 주는 힘이 있다.

The energy of love is abundant, waiting to be called upon.

Thich Nhat Hanh

"사랑의 힘은 넉넉하여,
  누가 불러 주기를 기다린다."

이해가 사랑의 바탕이다.

이해가 없으면 아무리 애를 써도 사랑할 수 없다.

당신은 다른 사람들을 이해해야 한다.

그러면 저절로 그들을 사랑하게 될 것이다.

"사랑하는 건 이해하는 것."

"너는 나, 나는 너. 분명 우리는 서로 안에 있지."

이는 내가 콜로라도의 심리치료사들을 위한 수련회에서

쓴 시의 첫줄이다.

"너는 너, 나는 나. 우연히 서로 만나면 놀라운 일이고,

아니면 도움 될 것 없지."라는

프리츠 펠스의 말에 대한 대구對句였다.

"너는 나, 나는 너.
분명 우리는 서로 안에 있지.

네가 네 속에서 꽃을 기르면
그래서 내가 아름다워지고.
내가 내 속에서 쓰레기를 바꿔 놓으면
그래서 네가 고통을 모르게 되고.

나는 너를 지탱하고
너는 나를 지탱하고
나는 너에게 평화를 주려고 여기 있고,
너는 나에게 기쁨을 주려고 여기 있고."

당신 아이 손을 잡고 밖으로 나가 풀밭에 나란히 앉아라.
함께 숨 쉬고 함께 웃어라, 그것이 평화 수업이다.
당신이 여기 있는 아름다운 것들을 감상할 줄 안다면
다른 어떤 것을 찾지 않아도 될 것이다.
평화는 모든 순간, 모든 호흡,
모든 발걸음에 맛볼 수 있는 것.

The practice of peace.

is also the practice of joy.

Thich Nhat Hanh

"평화를 닦는 것은
 또한 기쁨을 닦는 것이다."

웃음은 일종의 '입으로 하는 요가'다.

우리가 웃으면 얼굴의 긴장이 풀어진다.

다른 사람들이 보면, 모르는 사람들이라도,

웃음으로 되돌려줄 것이다.

웃는 것으로 우리는 놀라운 연쇄반응을 일으키고

만나는 사람들 안에 있는 기쁨을 건드린다.

웃음은 그 자체로 친선사절이다.

"웃음이 세계의 상황을
바꿔 놓을 수 있다."

제안한다, 새로운 축일을 정하고
이름을 '오늘의 날'로 하자.
오늘이야말로 더없이 놀라운 날이다.
어제는 놀라운 날 아니라는 뜻이 아니다.
하지만 어제는 이미 가버렸다.
내일이 놀라운 날 아니라는 뜻도 아니다.
하지만 내일은 아직 오지 않았다.
오늘은 우리가 지금 당장 쓸 수 있고
잘 가꿀 수 있는 유일한 날이다.

Let us make today the happiest day of our life.

Thich Nhat Hanh

"오늘을 우리 생애 가장
 행복한 날로 만들자."

숨을 들이쉬며,
나를 꽃으로 본다.
숨을 내쉬며,
신선함을 느낀다.

We practice in order to nourish the flower in us.

—Thich Nhat Hanh

"우리가 수련하는 것은 우리 안에 있는
꽃을 기르기 위해서다."

"우주가 값진 보물들로 가득 차 있군요.
오늘 아침 그것들 한줌 당신께 드리고 싶네요.
…기적이 펼쳐지려면 당신이 한 번 부드럽게
숨을 쉬어야 한답니다."
이는『연화경』속 가난한 아들의 비유와
관대함에 대한『금강경』의 관용에 영감을 받아
자두마을 겨울 수련 모임 때 만든
노랫말의 한 구절이다.

With mindfulness
each moment of your life is a jewel.

Thich Nhat Hanh

"마음 챙김과 함께하면
 당신 삶의 모든 순간이 보석이다."

베트남 전쟁은 헤아릴 수 없이 많은 상해傷害를 입혔다.
많은 이들이 팔이나 다리를 잃었다.
지금 그들은 걷기 명상을 할 수 없다.
몇 년 전, 그런 사람 둘이 우리 수련센터에 왔다.
나는 그들에게 의자에 앉아서
지금 걷기 명상을 하는 사람 하나를 선택하고
그와 하나가 되어
그의 걸음걸음에 마음을 챙기라고 말해 주었다.
그들의 눈에서 기쁨의 눈물을 보았다.

I walk for you.
You smile for me.
We awaken
together.

Thich Nhat Hanh

"나는 너를 위해 걷고,
너는 나를 위해 웃고.
우리 함께 깨어 있고."

우리의 선조들과 우리의 미래 세대들이
모두 우리 안에 살아 있다.
우리는 평화와 행복을 함께 찾는다.

Happiness is not an individual matter.

Thich Nhat Hanh

"행복은 한 개인의
문제가 아니다."

우리는 자기가 저지른 잘못을 바로잡기 위하여
과거로 돌아가지 못한다고 생각할 수 있다.
그러나 과거가 현재를 만든 것이다.
그러므로 만일 우리가 현재에 마음을 챙기면
자연스럽게 과거와 연결되는 것이다.
우리의 고통과 행복은 우리 조상들의 고통과
행복에 긴밀히 연결되어 있다.
우리가 우리를 변화시킬 수 있으면
그들도 변화시킬 수 있는 것이다.

flower arrangement by Aya Nelson, photograph by Aya Nelson

"우리가 현재를 바꾼다면
　우리의 과거도 바뀐다."

한 송이 꽃의 중심을 들여다볼 때
우리는 그 안에서 구름, 햇빛, 미네랄, 시간, 지구
그리고 우주의 모든 것을 본다.
우리가 상호 존재의 본성을 알 때
장벽들은 무너지고 평화, 사랑, 이해가 가능해진다.
우리는 뿌리가 다르고 전통과 사물을
보는 방식이 다를 수 있다.
하지만 사랑, 이해, 받아들임이라는 공통분모를
함께 나누어 지니고 있다.

Just as a flower is made only of non-flower elements, Buddhism is made only of non-Buddhist elements, including Christian ones, and Christianity is made of non-Christian elements, including Buddhist ones.

THICH NHAT HANH

"꽃이 꽃 아닌 요소들로 이루어졌듯이
불교는, 그리스도교를 포함하여,
불교 아닌 요소들로 이루어졌고
그리스도교는, 불교를 포함하여,
그리스도교 아닌 요소들로 이루어졌다."

평화를 가져오는 것은 행동만이 아니다.
웃고 숨 쉬고 평화로울 수 있는 자신의 능력으로
우리는 평화를 만들 수 있다.

Smiling is very important.
If we are not able to smile,
then the world will not have peace.

Thich
Nhat
Hanh

"웃음은 매우 중요한 것.
만일 우리가 웃을 수 없다면,
그렇다면 세계는 평화롭지 못할 것이다."

이것은 1964년 사이공에서 쓰고
1966년 화해연맹에서 크리스마스 카드로
인쇄한 시, 「메시지」의 한 구절이다.
시는 이렇게 끝난다.

'시들지 않는 놀라운 웃음을 머금고
꽃들이 침묵으로 내게 말한다.
메시지, 사랑과 이해의 메시지가
진실히 우리에게 왔다고.'

"어제 흘린 내 눈물들이
비가 되었다."

다른 어떤 사람이 되고자
여기 아닌 곳으로 달려갈 것 없다.
당신은 당신 그대로 놀라운 존재다.

"아름다워라,
너 자신이어라."

나라의 희귀한 꽃들

찬콩 자매

1980년 어느 날, 파리 외곽 작은 수련원에서 나는 나를 사랑하는 이 지구별의 한 부분인 내 조국 사람들을 도울 수 있는 방법을 생각하고 있었다. 며칠 동안 앉기 명상과 걷기 명상을 하고 나자 아이디어 하나가 떠올랐다. 나는 예술가, 작가, 화가, 음악가들이 한 문화가 피워내는 희귀한 꽃들이고 그 꽃망울을 단 한 번 터뜨리는 것을 보았다. 오직 하나인 베토벤, 반 고흐, 셰익스피어, 응우옌 주 Nguyễn Du*가 있을 뿐이다. 그들이 피워낸 꽃들은 인류의 정원에서 제각기 독특하다. 과거의 북베트남은 뛰어난 시인들의 은둔처가 많기로 소문난 곳이었다. 하지만 공산 정권이 점령한 뒤로는 북베트남의 훌륭한 시인들 가운데 그 누구도 시 한 편 발표하지 않았다. 나는 스스로에게 말했다. "이 나라의 희귀한 꽃들을 돕자." 그러고는 베트남의 한 친구에게 돈을 보내 그것을 정부와의 문제로

● 응우옌 주: 베트남 레 왕조 말기와 응우옌 왕조 초기의 문신, 정치인, 시인.

어려움을 당하는 작가나 예술가들에게 나눠 달라고 부탁했다. 두 달쯤 뒤에 그녀로부터 답장이 왔다. 내가 보낸 돈으로 10여 명의 소설가, 시인, 기자, 극작가, 예술가들을 도와주었다며 그들의 이름과 주소를 적어 보냈다. 나는 그들이 쓴 글을 읽거나 그들의 음악을 듣고 나서 각자에게 감사와 격려의 편지를 작은 선물과 함께 보냈다.

유럽의 베트남 젊은이들, 태이낫한의 학생들이 나와 함께 그들의 작품을 공부하고 그들의 예술을 깊이 이해하기 위한 모임을 만들었다. 이해가 되지 않을 때는 태이에게 물었다. 예술가인 태이는 우리가 볼 수 있는 것보다 더 깊이, 때로는 예술가인 그들보다 더 깊이 볼 수 있었고 그 통찰을 우리에게 나눠주었다. 우리는 다양한 예술가들의 글과 그림과 음악을 진정으로 사랑하게 되었다. 나는 한 시인에게 몇 가지 선물과 함께 그의 시에 대한 태이의 이해와 한 젊은 여성의 신선한 감상 소감을 편지로 적어 보냈다. 그 시인은 깜짝 놀랐고 깊은 감동을 받았다. 그는 답장에서 자기 시를 그토록 심도 있게 이해하는 젊은이를 아직 보지 못했다고, 실로 몇 년 만에 처음으로 글을 다시 써야겠다는 의욕이 생겼다고 적었다. 10년 넘도록 나는 친구들과 더불어 이 일을 계속하고 있다. 우리는 많은 꽃들이 베트남에서 다시금 피어나게 도울 수 있었다. 아래는 내가 북베트남에 사는 어느 화가의 어린 딸에게 보낸 편지다.

친애하는 호앙에게

오늘 내가 너에게 줄 특별한 선물이 있다. 약이나 돈보다 훨씬 값
진 거야. 하지만 먼저 너에게 들려줄 이야기가 있어. 자동차 사고
로 앞을 보지 못하게 된 친구 이야기란다. 그가 사는 세상은 온통
캄캄한 어둠뿐이지. 그가 나에게 뭐라고 했는지 아니? 자기가 다
시 볼 수만 있다면 틀림없이 거기가 낙원일 거라고, 그렇게 말했
어. 내가 그의 소원을 어떻게 들어줄 수 있겠니? 그를 도울 수 없
다면 적어도 그가 깨달은 것을 너에게 나눠줄 수는 있겠지. 네 멀
쩡한 눈으로 무언가를 바라본다는 것이 얼마나 행복한 일인지를
알았으면 한다. 너는 지금 대단한 눈을 가지고 있어. 그렇기에 언
제든지 눈을 뜨기만 하면 온갖 다채로운 모양과 색깔을 지닌 낙원
이 네 앞에 펼쳐지는 거란다. 오늘 너에게 주는 내 선물은 이렇게
해 보라는 거야. 엄마를 그윽이 바라보렴. 엄마 얼굴이 창백할 수
도 있고 일을 많이 한 손은 거칠거칠할지도 모르겠다. 엄마는 너
를 많이 사랑해서, 7남매인 너희와 아빠를 많이 사랑하기에 고된
일을 많이 해야 한단다. 오늘 밤 잠자리에 들기 전 엄마의 아름다
운 눈을 깊이 들여다보고 엄마를 따뜻하게 안아 주렴. 너의 품에
안겨 있는 소중한 엄마라는 존재에 대하여 깨어 있어라. 그렇게
엄마를 안고 있는 동안 숨을 들이쉬고 내쉬면서 이렇게 말하는 거
야. "숨을 들이쉬면서 사랑하는 엄마를 품에 안고 있는 것이 얼마

나 놀라운 일인지 나는 아네. 숨을 내쉬면서 엄마가 우리 모두의 보물인 걸 나는 아네."

　엄마가 어떤 분인지를 진정으로 알기 위해 엄마가 돌아가실 때까지 기다릴 필요는 없단다. 우리한테는 아주 많은 보물이 있어. 우리들 각자의 눈, 엄마 그리고 우리가 쉬는 숨. 우리는 다만 그것들에 깨어 있을 필요가 있고, 그렇게 된다면 큰 기쁨의 샘을 팔 수 있지. 그 기쁨 덕분에 우리는 자신의 행복과 깨달음을 마음껏 표현하고 그것을 이웃과 나눌 수 있단다. 네 아빠도 무척 소중한 선물이야. 그가 때로 불행해 보인다는 건 나도 알지. 그러나 그건 아빠가 유별난 재능을 가졌기 때문이란다. 아빠의 섬세한 손가락을 잘 보아라. 그 안에 많은 비밀들이 숨겨져 있어. 아빠가 그린 그림들을 본 적 있니? 붓과 물감을 잡은 네 아빠의 손은 아무것도 없는 흰 종이를 노래하는 새, 웃는 바람, 구름, 나무 그리고 춤추는 집으로 바꿔 놓을 수 있단다. 이해가 두 팔을 크게 벌리고 온 인류를 끌어안는 장면을 창조하는 네 아빠의 손에서 나오는 사랑과 희생을 너도 볼 수 있을 거야.

　그녀에게서 놀라운 회신이 왔다.

친애하는 아줌마에게

우리 모두 아줌마가 보내주신 약상자를 둘러싸고 앉아 아줌마의
아름다운 편지를 읽었답니다. 우리는 그것을 작은 방 벽에 붙여 놓
았어요. 식구들이 모두 읽고 마음을 챙길 수 있게 하려고요. 가르
쳐 주신 대로 내가 엄마를 껴안아 드리자 엄마는 숨죽여 흐느끼셨
지요. 하지만 아빠는 며칠 동안 아무 말도 하지 않으셨어요. 그러
더니 바로 어제 종일 밖에 나갔다 돌아오실 때 붓과 얼마쯤의 물감
을 손에 들고 오셨답니다. 그 뒤로 어떻게 되었을까요? 대부분의
예술가들은 우리 정체를, 특히 아줌마가 이 일에 관여하신다는 사
실을 몰랐어요. 우리는 소중한 작품들을 많이 수집했지만 그것들
을 출판하면 화가들이 어려운 일을 당할 것임을 알고 있답니다. 그
래서 이 나라가 자유로워질 때까지 그것들을 잘 보관해 둘 거예요.
셰익스피어의 연극과 시들은 400년이나 지난 아직도 영국 문화
와 인류 문화의 값진 꽃들이지요. 우리는 때가 되기까지 기다릴 겁
니다. 그리고 마침내 때가 오면 이 아름다운 것들을 세상 사람들과
더불어 나눌 거예요.

  라샤니 레아 역시 희귀한 꽃이다. 그녀는 방랑하는 예술가 차
림으로 오토바이를 타고 자두마을에 오자마자 태이의 가르침을
사랑하고 그것에 빠져들었다. 그녀는 승가 공동체 안에서 시간을

보내는 것도 좋아했다. 우리가 함께 제작한 다르마 노래 앨범,《붓다가 될 당신에게 장미 한 송이》에서 라샤니는 태이의 시「히말라야」를 영어로 낭송하고 나는 그것을 베트남 말로 노래했다. 태이가 초기 불교 경전인『아함경』의 말씀으로 "이 몸은 내가 아닙니다. 나는 몸에 갇히지 않았어요. 나는 경계 없는 생명, 태어나지도 않았고 죽지도 않을 거예요."라는 시를 지었을 때 라샤니는 그것을 노래로 만들어 아름답게 불렀다.

태이의 법문을 듣고 나서 라샤니는 그의 말에서 몇 가지 창조적인 아이디어를 찾아내었고 그것을 다채로운 색깔의 그림 위에 손으로 적어 넣었다. 나는 늘 예술가들을 후원하고 싶었다. 그래서 그것들을 카드로 만들어 자두마을 선물 가게에 진열하였고 수련 모임에 왔던 이들이 다르마 예술품으로 구입하여 집으로 가져갈 수 있게 했다. 해마다 봄과 여름이면 라샤니가 자두마을을 방문하여 태이의 법회나 미국 순회 강연장에서 노래를 불렀다. 그녀가 임종하는 아버지에게 불러 주었다는〈오지도 않고 가지도 않는〉같은 노래들을. 나 역시 땅 밟기 명상을 안내하고 난 뒤 음악에 맞추어 노래 부르는 것이 좋았다. 여러분이 함께 감상하고 즐길 수 있도록 라샤니가 자신의 그림으로 태이의 말을 포옹하는 이 놀라운 책을 출판하는 마당에 나는 지금 아주 많이 행복하다.

보태는 말

이 책을 손에 든 친애하는 독자 여러분에게.

나는 태이낫한과 그토록 소중한 시간을 보낸 것이 크나큰 축복으로 느껴진다. 그가 내 인생에 미친 영향은 헤아릴 수 없고, 지금까지도 기대하지 못한 방식으로 이어지고 있다. 그와 함께 있으면서 다양한 문화, 다양한 세대의 승가 공동체 사람들과 명상 수련을 함께한 것이 전에는 몰랐던 평정平靜을 내 앞에 열어 주었다.

1980년대 후반, 그를 만난 첫날부터 태이의 말과 가르침은 내 존재를 관통하여 메아리친다고 오랫동안 생각해 왔다. 그는 개념화할 수 없는 실재의 본성을 시적인 언어로 가르쳐 주었다. 그가르침의 단순성은 사람을 어루만져 주는 선물이었다. 그것은 나로 하여금 복잡한 이론적 개념, 정신적 함정과 환상에 빠지지 않도록 지켜주면서 그가 "순간의 기적"이라고 말하는, 활짝 열려 있는 영원한 지금을 몸으로 곧장 경험할 수 있게 해 주었다.

하지만 그가 제공하고—더욱 중요하게는—**몸으로 구현해 낸** 것은 살아 있는 다르마 자체, 존재하는 것의 꾸밈없는 진실, 그것이었다. 돌아보면 내 걸음을 멈추게 한 것은 위대한 선조들의 말이나 가르침에서 그치지 않고, "태이"라 불리는 이 겸손한 이로부터 막힘없이 흘러나오는 눈부신 생명력의 흐름이었다. 그의 꾸밈없는 인간성, 무장하지 않은 무방비 상태의 취약성과 개방성에는 다른 사람들을 변화시키는 힘이 있었다. 어떤 사람은 그것을 가리켜 그의 "불성佛性"이라고 했다.

나는 태이가 말한 것이 "바라는 것 없음"의 상태, 붙잡거나 바꿔 놓을 것도 없고, 거절하거나 떨쳐 버릴 것도 없으며, 얻거나 취할 것도, 피하여 달아날 것도 없는 상태임을 알게 되었다. 기본적으로 그것은 끊임없이 항상 바뀌는 순간순간에 도피처를 마련하고, 한 번에 숨을 한 번 내쉬고, 단순하게 열려 있는 깨어 있기로 들어가서 자리 잡는 것이다. 나는 두리번거리며 찾기를 그만두었고, 인생이란 즐겁고 즐겁지 않은 순간들의 끊임없는 연속임을 깨침으로써 뜻밖에 평화를 찾았다.

자두마을에 산다는 것은 현재-순간을 자각하는 지속적인 과정이었고, 현실을 회피하여 문을 닫아걸고 낙심하고 눈앞에서 벌어지는 일과 다투려는 습관적 성향을 해체하는 강력한 해독제였다. 태이는 우리에게 날마다 자기에게로 돌아가 자신의 몸, 느낌, 인식과 함께하면서 그것들을 보살피라고 부드럽게 격려해 주었다. 그는 우리의 잘못된 인식과 오해가 고통을 낳는 원인임을 자주 설명해 주었고 그것들에 대하여 거듭 질문하는 것이 얼마나 중요한지를 강조해서 일러 주었다.

태이는 내면의 평화와 안녕을 발견하고 회복하는 여러 가지 간단한 방법을 우리에게 소개해 주었다. 하루하루가 우리의 참 본성을 일깨워 주는 축제와도 같았다. 마음 챙겨 숨 쉬고 앉고 걷고 먹는 것. 그것이 자두마을의 기본 수련이었다. 이 조용한 수련의 신중함이 자연스러운 편안함과 이유 없는 기쁨, 선명함, 평온함에 대한 감각을 살려 내었고 대상에 집중하는 우리의 눈길을 저절로 애쓰지 않고서도 그것의 근원으로 돌아가게 해 주었다.

태이가 우리에게 "헤아릴 수 없는 네 가지"를 소개하던 때가 기억난다. '네 가지 위없이 높은 상태'로 알려진 그것들을 가리켜 흔히 덕목 혹은 신성한 거처라고 한다. 이 본래적이고 경계 없는 질質은 헤아릴 수 없는 **메타**사랑 또는 사랑 어린 친절, **카루나**자비, **무디타**연민 어린 기쁨 그리고 **우페카**평정심다.

무디타는 그대로 옮길 만한 단어가 없다. 그것은 이기적이지 않은 연민 어린 기쁨, 남들의 기쁨을 통하여 기쁨을 경험하는, 고맙게 여기는 기쁨을 말한다. 이는 끝없이 솟는 내면의 샘물로 묘사되는데 모든 중생이 그것을 마실 수 있다.

우페카는 한쪽으로 기울지 않음, 집착하지 않음, 구별하지 않음 그리고 너그러움을 의미한다. 태이는 우페카에 또 다른 중요한 차원을 보탠다. 여러 관점들을 포용하고 어느 한쪽에 서지 않으면서 모든 견해를 받아들이는 능력이 곧 평정이라는 이해가 그것이다.

태이가 우리에게 헤아릴 수 없는 네 가지를 소개할 때 내 가슴에서 크고 불가해한 무엇인가가 활짝 열렸다. 뭐라 말할 수 없는 춤추는 고요가 나를 통해서 노래로, 시로, 그림으로 저를 나타내기 시작했고 그 뒤로도 멈추지 않았다.

티베트의 린포체로 세상에 널리 알려진 초감 트룽파는 '다르마 예술Dharma Art'이라는 신조어를 만들었는데, 진정한 예술 작품은 감상하는 사람을 깨우치고 해방시킨다고 믿었다. 그의 설명인즉, "마음이 깨어 있는 상태에서 나온 창작품은 직설적이고 자신을 의식하지 않으며 남을 공격하지 않는 특징이 있다."는 것이다.

'다르마 예술'은 불교신자가 되거나 예술 작품을 만드는 것과는 상관이 없다. 열려 있음과 비어 있음에서 나오는 것이기 때문에 특정 종교나 신조, 전통에 속하는 것이 아니다. 존재 본연의 꾸밈 없고 여린 상태에서 자연 발생적인 창조성이 발현될 때, 그것은 때로 자기-비움의 과정으로 설명되기도 한다.

그리스어로 **케노세인**은 '놔두다' 또는 '자기를 비우다'라는 뜻이다. 그리스도교 신학에서 자기-비움의 행위인 케노시스는 하나의 아름다운 패러독스다. 자기를 비우는 행위 안에서 실제로는 은혜로 **충만해지기** 때문이다. 그런 뜻에서 다르마 예술은 일종의 케노시스 명상 또는 기도로 볼 수 있다.

자기-비움은 깊은 승복이자 놓아 버림이다. "큰 무위無爲"로 알려지기도 한 이 해체解體는 심리적 자아의 무장해제로 경험되거나 사람이 자기의 참 본성을 깨치기 위한 전제로 언급되기도 한다. 또한 그것은 자기-고수固守 또는 자기-기억을 의미한다.

창조 과정에 몸을 담는 행위가 우리를 미지의 세계로, 의식하는 이해 너머로 데려갈 수 있다. 거기에는 보면서 따라갈 지도나 안내판이 없다. 계산법도 지령도 없다. 조건에 의하여 잘못 만들어진 자기 정체성과 겉치레 동작들이 소리 없이 해체되고 막힘없는 흐름과 함께 순수한 현존이 자연스레 펼쳐진다. 나는 자주 이 마음의 흐름 속에서 태이의 시가 떠오른다. "부디 나를 내 참 이름들로 불러다오."

"내 가슴의 리듬이 살아 있는 모든 것의 삶이고 죽음이다."

콜라주를 만들거나 글을 쓰거나 정원을 가꿀 때 혹은 창작에 몰두할 때 나는 어딘가로 스며들어서, 존재하는 모든 것 그리고 그 것들을 있게 하는 힘과 하나되는 자연스럽고 즐거운 느낌을 받는 다. 그리고 마침내 내가 원초적 은총과 생명력에 의존하여 살고 있 음을, 좀 더 정확하게 말해서 그것들에 의해서 살려지고 있음being lived by을 느끼게 된다.

'살아 있는 다르마'가 속에서 불타오를 때 그때 우리는 본연의 앎Natural knowingness, 자기 '참 본성'의 진실에 비로소 깨어난다.

"다르마"는 일반적으로 모든 중생의 무상함과 상호의존성에 있는 불교의 가르침을 가리킨다. 또한 다르마는 그 가르침을 살아 있게 하는 우리의 일상적인 경험들을 의미한다. "다르마"는 넓은 뜻에서 '본성Nature'을 의미하고 '사물이 존재하는 방식'을 가리킨 다. **살아 있는 다르마**는 특정한 수행, 종교, 도그마, 경전 또는 영적 장식품 같은 것들에 제약되지 않는다. 그것이 다르마가 "살아 있는” 까닭이다.

나는 태이가 모든 영적 전통들에서 그 본질을 파악하는 것에, 그리고 자기가 인식하고 이해하는 것들을 올바르게 표현하고 살아 있는 다르마를 우아하게 말하는 것에 큰 감동을 받았다. 그는 우리에게 속박을 끊고 자칭 “불자佛子”가 되기 전에 선조들의 뿌리를 깊이 들여다보라고 끊임없이 격려했다.

여러 해 전에 그가 말했다. “우리는 우리 자신의 경계 안에서 우리의 주권을 회복할 수 있다.” 자기 자신의 본질과 그것이 존재하는 모든 것에 의존되어 있음을 인식할 때 비로소 우리는 사물들을 있는 그대로 정확히 보게 된다. 전에는 중요하게 생각했던 것을 성취하려는 욕망은 종종 상실되고, 자기 아닌 다른 누가 되어야 할 필요도 시시각각으로 사라진다. 평화와 행복이 깨어 있음 자체의 본성이라는 단순한 인식 속으로 온갖 야망들이 조용히 사라지는 것이다.

태이가 처음 나를 자두마을 안에 있는 자신의 오두막으로 초대하던 때가 생각난다. 나는 그의 테이블 위에 서양 약병이 놓여 있는 것을 보고 깜짝 놀랐다. 그때까지 나는 그가 베트남에서 겪은 정신적 트라우마뿐만 아니라 육체적 고통을 감당하고 있으리라고는 짐작도 하지 못했다. 상처에 굴하지 않는 용기에는 형언할 수 없는 무언가가 있다.

아무리 깨친 사람들이라 해도, 트라우마나 육신의 아픔에서 제외되지 않는다. 다행히 그것은 모든 중생에 생기를 불어넣는 가없는 빛의 바다를 가로막지 않는다. 태이의 활력은 육체적인 활력이 아니다. 더 깊은 근원, 광채와 은혜와 박애의 장소에서 우러난 것이다. 그리고 그는 붓다처럼, 고통의 원인을 이해하고 자비로써 그것과 친구 되는 평화로운 투명성과 힘을 지니고 있다.

태이는 아픔을 시로, 고통을 주권으로, 원치 않는 사건들을 깨어남으로 바꿀 수 있는 복 받은 사람이다. 그의 시 「따뜻함을 위하여For Warmth」는 베트남 전쟁 중에 시민 528명이 죽고 5,000가구가 파괴된 벤 트레 피격 소식을 들었을 때 쓴 것이다. "우리는 마을을 구하기 위해서 마을을 파괴해야 한다."는 미군 장교의 말을 전해 듣고 태이는 이렇게 썼다.

나는 두 손으로 얼굴을 감싸고 있다.
아니다. 울고 있는 게 아니다.
나의 외로움을 따뜻하게 해 주려고.
지켜주는 두 손으로

길러 주는 두 손으로

내 넋이 분노 속에서

나를 떠나지 못하게 하려고

두 손으로 얼굴을 감싸고 있는 것이다.

나는 어머니가 프랑스 시골 병원에서 의료 사고로 돌아가신 뒤에 이 시를 발견하였다. 내가 불신과 분노를 움켜잡고 씨름하던 몇 주 동안 태이의 말들이 줄곧 나를 따라다니며 내 속에 뿌리를 내렸다. 1989년, 나는 벳시 로즈가 이 시에 영감을 받아서 만든 아름다운 노래 〈두 손 안에서〉를 녹음했다.

레너트 코헨은 사람의 "틈새들"로 빛이 들어온다고 믿었다. 나는 그 틈새를 우리의 모자람으로 새겼다. 그러나 태이를 만난 뒤로 나는 다른 관점이 있음을 깨달았다. 모든 사람한테 틈새가 있고, 그리로 빛이 **새어 나온다**는.

"우리 인생은 그것으로 진리를 실험해보는 도구다."라는 태이의 말에 영감을 얻어 나는 여러 다른 나라들에 작은 교단들을 함께 만들기로 했다. 수년 동안 태이로부터 그리고 다른 멘토나 교사들로부터 들은 것들을 내 안에 남아 있던 것들과 엮어서 3개월 과정 몰입 훈련을 추진했다.

그 결과로 4주 과정 수련 모임과 2주 과정 정진 모임을 가지게 되었다. 여러 해 동안 나는 부지런히 지구별의 남반구와 북반구를 여행하면서 대중과 함께 하는 콘서트를 열고 강연회나 수련 모임을 이끌었다.

1980년대 초에 엘리자베스 퀴블러-로스의 조수로 일한 경험을 바탕 삼아 나는 지난 40년 가까이 슬픔을 달래 주고 죽음을 지켜보며 살아왔다. 극심한 슬픔으로 힘들어 하는 이들 곁에서 맑은 정신으로 죽기를 선택한 이들에게 공간을 마련해 주는 것이다.

지금 내 삶은 다시 초보자의 소박한 마음으로 돌아와 있다. 내가 머무는 성소와 사랑하는 이들에게 필요한 것을 채워 주고 개념, 이론, 패러다임 또는 어떤 정신적 심리적 가르침에 기대지 않은 채 모든 것에 열려 있는 맑은 깨어 있음 속에서 더없이 깊은 기쁨을 누린다.

요즘 나는 무성한 숲이 우거진 넓은 정원을 가꾸고 오래된 돌담을 손보며 네 발 달린 친구들과 두 마리 공작새를 보살피는 것으로 하루를 보내고 있다. 천지만물과 두루 친밀하게 지내며 유심히 살펴보는 일은 나의 생활 방식이 되었고 현재 나의 주요 활동이 되었다. 아울러, 존재한다는 것의 경이로움과 고마움에 마음을 집중

한다.

 내 파트너와 나는 우리를 방문하는 이들과 함께 피정을 하고 있다. 1년 내내 자신의 "생태적 자아"를 기억하고, 지구와 땅의 정령과 서로 간에 더 깊이 연결되기를 바라고, 생각에 방해받지 않고서 세상을 곧장 경험하는 단순성을 회복하기 위해서다.

 여러분과 더불어 이 콜라주들을 나눌 수 있어서 무척 기쁘다. 이들 대부분이 1980년대 후반 나의 치유 과정의 한 부분으로서 만들어진 것들이다. 어쩌면 이것들이, 어떤 형식으로든, 같은 다르마 예술을 창조할 수 있도록 여러분에게 영감을 줄 수 있을지도 모르겠다.

 부디 우리의 다양성과 인터빙을 기리고 살아 있음의 특권을 함께 즐길 수 있기를.

2021년 6월 10일
라샤니 레아

◆ 『천천히 가라, 숨 쉬며 그리고 웃으며』에 실린 모든 콜라주들은
가로 8인치 반, 세로 11인치 크기로 프린트 되었음. www.rashani.com 참조.

라샤니 레아

라샤니 레아는 어려서부터 지금까지 사회 활동가로서 다작多作의 예술가로 활동하며 이제 막 싹트는 영성 운동에 강하고도 부드러운 목소리를 내고 있다. 노래, 찬양, 시가 담긴 앨범 15편을 녹음하고 40권의 책을 출간, 영원한 다르마의 다양함을 기리는 독특한 콜라주를 600여 장 만들었다. 미국에서 태어나 17세에 유럽으로 건너가 22년을 살았다. 그곳에서 그녀가 개축한 17세기 석조 건물은 엘리자베스 퀴블로-로스 프랑스 센터 "샹티 닐라야"가 되었다 자두마을에서 차로 2시간 거리.

1988년 틱낫한의 말을 삽입한 카드 디자인을 시작으로 계속 여러 전통에서 온 살아 있는 다르마로 카드를 제작. 1990년 틱낫한에게서 인터빙 교단에 들어오라는 초청을 받은 뒤, 수년 간 그의 가르침에 영감을 얻은 노래와 그의 시로 만든 다르마 음악을 자두마을과 세계 도처에서 열리는 그의 법회와 수련 모임에서 선보였다.

라샤니는 지난 30년 동안 하와이 빅아일랜드에 살면서 폴리네시아 문화에 대한 사랑이 깊어졌고, 카우 외딴 지역에 2개의 생태 위생 시설을 공동 조성했다. 그녀는 자신의 수련 공간에서 개인 및 단체 수련과 집중 훈련을 제공하며, 우우퍼들WWOOFers[*]과 세바다르Sevadars[**]를 받아들여 그녀가 '순간의 잔치'라고 부르는 모임에 모두를 초대한다. 또한 라샤니는 지난 35년 동안 세계 각지에서 수련 모임을 주선하였고 협의회, 키르탄 및 참여형 콘서트를 제공해 왔다. 어머니, 땅 지킴이, 노래 수집가, 슬픔을 달래 주는 사람과 죽음 상담가, 건축업자와 건축가, 정원사, 조경 디자이너로서 라샤니는 자신의 안식처를 3차원적 식용食用 콜라주로 여긴다.

◈　더 자세한 내용은 www.rashani.com을 참조할 것.

●　유기농 농장에서 자발적으로 일하는 사람들, 숙식을 대가로 농장 일을 거들어 주는 사람.

●●　지역사회에 무료로 봉사하는 자원봉사자.

틱낫한

틱낫한은 거의 80년을 불교 승려로 살았다. 지구적 영성 지도자, 시인, 평화운동가, 불교를 서양에 소개하는 일의 개척자. 접근하기 쉬운 시적인 문장으로 힘 있는 가르침을 주며 세계인의 존경을 받은 그는 베스트셀러인 『화Anger』, 『모든 발걸음마다 평화Peace Is Every Step』, 『틱낫한 불교The Heart of the Buddha's Teachings』, 『살아 계신 붓다, 살아 계신 예수Living Buddha, Living Christ』, 『부처님 가르침의 핵심The Heart of the Buddha's Teachings』을 포함하여 시, 동화, 고대 문헌에 대한 주석서뿐만 아니라 명상, 마음 챙김, 불교에 관한 100권 이상의 책을 저술했다. 마틴 루서 킹은 그를 노벨 평화상 수상자로 추천하면서 이렇게 말했다. "나는 개인적으로 베트남에서 온 이 온화한 불교 승려보다 더 노벨 평화상을 받기에 적당한 인물을 알지 못한다." 그는 반세기 넘도록 프랑스에서 망명객으로 살다가 여러 해 전에 그가 젊은 승려로 수련 생활을 했던 중앙 베트남 후에 사원에 머물렀다. 그리고 2022년 1월 22일에 세수 96세 법랍 80년의 나이로 열반하였다.

◆ 자세한 내용은 plumvillage.org를 참조할 것.

천천히 가라,
숨 쉬며 그리고 웃으며

Go Slowly,
Breathe and Smile

초판 1쇄 발행 2022년 4월 15일
초판 2쇄 발행 2023년 1월 10일

◉

지은이	틱낫한
그린이	라샤니 레아
옮긴이	이현주

펴낸이	오세룡
편집	여수령 박성화 손미숙
기획	최은영 곽은영 김희재 최윤정
디자인	쿠담디자인
	고혜정 김효선 박소영
홍보·마케팅	이주하

◉

펴낸곳   담앤북스
서울특별시 종로구 새문안로3길 23
경희궁의 아침 4단지 805호
대표전화 02)765-1250(편집부) 02)765-1251(영업부)
전송 02)764-1251
전자우편 damnbooks@daum.net

◉

출판등록 제300-2011-115호

◉

ISBN 979-11-6201-354-0 (03220)
정가 16,000원

◉